努力は天才に勝る!

井上真吾

講談社現代新書
2348

はじめに

圧勝劇の裏側で

圧巻の三六一秒でした。二〇一四年一二月三〇日、我が井上《いのうえ》家の長男・尚弥《なおや》がＷＢＯ世界スーパーフライ級王座を獲得しました。わずか八戦での二階級制覇は世界最短記録のようです。対戦相手は「アルゼンチンの英雄」と称されるオマール・ナルバエス。四三勝（二三ＫＯ）一敗、二引き分け。ＷＢＯ世界フライ級王座を一六度防衛し、ＷＢＯ世界スーパーフライ級を一一度防衛していました。四年七ヵ月も王座を防衛し、まさに百戦錬磨のチャンピオンでした。ディフェンスに定評があり、プロ・アマチュアを通じて一五九戦して一度もダウンをしたことがありません。その王者を、開始三〇秒で倒し、その後三度もマットに這《は》わせ、二ラウンド三分一秒での戴冠《たいかん》劇です。自分も尚弥も、所属ジムの大橋秀行《おおはしひでゆき》会長も、おそらく詰めかけた観客、誰もが想像していなかった圧勝でした。どよめきと拍手が東京体育館に響く中、両拳を突き上げて言葉にならない叫びをあげている尚弥の姿は、息子ながら誇らしいものでした。

「お父さんと積み上げてきたボクシングが、これで証明された」。

「僕のボクシングは七割がお父さんの理論、残り三割が僕の感覚で成り立っている」。見慣れない臙脂《えんじ》色のWBOのベルトを巻きながらそう答えた尚弥の言葉は今でも忘れられません。

その約九ヵ月前の四月六日、WBC世界ライトフライ級のベルトを巻きました。日本人選手で史上最速となる、デビュー六戦目での世界王座奪取でした。尚弥は二〇一四年の一年で、その当時、WBCとWBOの二本のベルトを獲《と》りました。

「プロ六戦最速世界王者」。

「八戦目で最速世界二階級制覇」。

スポーツ新聞などでは驚きのトーンで書きたてられます。「向かうところ敵なし」「天才ボクサー」などと賞賛の言葉で紙面は埋まっています。トレーナーである自分からすれば「うまく行き過ぎだ。勝って兜《かぶと》の緒を締め直さねば」と思うのです。その一方でこれまでの努力を考えれば驚くほどの結果ともいえません。

なにせ尚弥は六歳からボクシングをしているのですから。

世界二階級制覇を成しとげた当時は二一歳でした。二一歳と若輩《じゃくはい》者《もの》ですが、ことボクシング歴でいえば一四年のベテランなのです。小学校一年生からステップワークを学び、ジャブを打っています。六歳から一四年間、一つ一つ積み上げてきたのです。

自分は子どもたちのトレーナー以外にも「明成塗装《めいせいとそう》」という塗装業と不動産業の経営もしています。塗装技術も基礎が重要です。例えば、壁を塗り直すときには最初に周囲の片付けから入ります。機能的に動けるために周囲をきれいに片付けて、つぎにその壁の汚れを落とします。見習いの職人さんが最初に覚えることは掃除、片付けです。つぎに洗浄です。最初の洗浄をキチンとしないで塗り直してもきれいに仕上がりません。いくら塗る技術が高い職人さんでも、洗わないままの壁をいくら塗り直してもきれいには仕上げることはできないのです。また周囲が雑然としていると塗りにくく、失敗を引き起こしがちです。実力を発揮するには段階、段取りがあります。まずは基礎です。基本がしっかりできていると、その先のことも自由自在にできるようになるのです。

「僕も一緒にボクシングをしたい」

「どうすれば尚弥選手のように育ちますか」。

ときおり、後楽園ホールなどでそう声をかけられます。その都度《つど》、腕を組んで自分なりに考えを巡らせてみますが、簡単に言い切れるような言葉は思い浮かびません。

「小さなときから毎日コツコツと積み上げた努力の結果でしょうか」。

「尚が素直について来たからでしょうか」。

そう答えても漠然としているためか、うまく伝わらないようです。

意外と思われるかもしれませんが、自分は子どもたちにボクシングを「やらせたい」と思ったことは一度もありません。脳や肉体へとダメージを与え与えられて競い合う特殊な競技です。減量もあります。自分の愛する子どもたちが傷つく姿を見たいと思う親御さんはいないでしょう。自分も同じ気持ちです。

それでも自分はボクシングが大好きです。アマチュアですが、二戦二勝の戦績を残しています。ボクシングのようなヒリつくくらいの真剣勝負は滅多に経験できないと思います。打たれて苦しいときもありますが、それでも何ものにも代えがたい刺激があります。おそらく、フルマラソンや登山やフリークライミングにハマる方と似た感覚のような気がします。自分がボクシングと出会ったのは、二四歳のときでした。地元の仲間から練習に誘われたのがきっかけです。中学時代の友人がプロボクサーとなっていました。試合は三ラウンドでノックアウト負けでしたが。空手などはしていましたが、ボクシングの「打たせずに打つ」技術の高さに魅了されました。喧嘩《けんか》とボクシングを分かつものが明確に見えたのです。友人の通っていた協栄町田《きょうえいまちだ》ジムに行ったところ、トレーナーの中村隆《なかむらたかし》先生から「筋がいい」と褒《ほ》められました。褒められるのは大好きです。一気にのめり込みました。

「このまま練習をしていけば、プロボクサーにもなれるのでは」。

とはいえ、ボクシングに専念できる環境ではありませんでした。すでに尚弥は生まれ、弟の拓真《たくま》もお腹の中でした。「明成塗装」を立ち上げ、若輩ながら親方として奮闘していた時期でもありました。仕事と家庭のバランスを考えるのもやっとことさであるのに、さらにボクシングも加わるのです。今振り返るとこの時期が最も忙しかった時代でした。早朝から現場に出て、職人さんが帰った後も現場で働き、車を走らせ、協栄町田ジムで練習する。帰宅すると子どもたちはもう寝ています。長女の晴香《はるか》の天使のような寝顔を見つめ、翌日の活力を養いました。二〇歳で独立し、誰よりも働きました。ガムシャラになって働くことでいずれゆとりが生まれることを夢に見て、刷毛《はけ》を握り、マスキングテープを貼《は》っていました。当たり前のことですが、働けば働くほどボクシングに割《さ》く時間は減るものです。納期が迫れば、残業をし、ジムに行けない日も続きます。

それでも強くなりたいと願い、時間を見つけては練習をしていました。野球選手を目指す少年が、自宅の庭先で素振りをするように自分も練習を繰り返していました。

振り返ってみると、練習の時間が限られていたからこそ、徹底して基礎が身についたのだと思います。練習時間が多くとも基礎をおろそかにしていては強くなることはできません。ジムで中村先生から教わったことを思い返しながら、一人で練習をすることで、身についた気がします。

いつものように休日に一人で練習をしていたときのことです。対戦相手をイメージし、虚像に向けてジャブを放つ、シャドーボクシングの練習をしていました。相手のジャブが返ってくるので、バックステップし、すかさずステップインとともにジャブを放ちます。トレーニングウエアが汗で湿ってきたときでしょうか。誰かの気配を感じたのです。

「僕も父さんとボクシングを一緒にやりたい」。

六歳の尚弥が自分にそう語ってきた瞬間でした。そのときのみぞおちのあたりをぐっと摑まれたような衝撃を今でも覚えています。

尚弥は御多分《ごたぶん》に洩れず、仮面ライダーや戦隊ヒーローが大好きな男の子でした。縁日で買った仮面ライダーのお面をかぶってはテレビの中のヒーローごっこをしています。晴香に向かってライダーキックをし、三倍くらいに返されています。二つ下の弟の拓真は、とばっちりを受けないように母親から離れません。幼稚園児の尚弥の横で自分はシャドーボクシングをしていました。尚弥の目にはテレビで観る特撮ヒーローと自分が重なっていたようです。

「父さん、強くてかっこいいな」。

自分のシャドーをじっと見ているのです。

小学校にあがった尚弥の中でひとつの決断があったようです。早めに仕事を上がれた平日の夕方、子どもたちを連れて近くの公園へ遊びに行きました。晴香は一目散にブランコへ、いつもなら尚弥も一緒に駆けて行くはずなのに、自分の近くから離れません。自分はストレッチを終えて、ステップの練習をしていました。

「んっ、どうした。お姉ちゃんと遊ばないのか」。

尚弥は小さい身体を揺らしながら、自分に寄ってきました。

「僕にもボクシングを教えてよ」。

そう語ったのです。尚弥は意思表示をしてきました。まだ小さいので言葉は乏しいですが、表情や目を見れば本気で語っていることは伝わってきます。幼くとも人格を持った一人の人間なのです。六歳の少年でも自分で決定を下す意志を持っているのです。

「ボクシングは甘いスポーツじゃないよ、それでもできるの?」

尚弥の目をじっと見つめ語りかけました。うん、と頷《うなず》きます。その目からは揺らぐことのない意志が感じられました。自分は尚弥をじっと見つめて言葉を続けました。

「父さんはボクシングに嘘をつきたくないから一生懸命やっているんだ。尚もボクシングに嘘をつかないと約束できるか。練習がどんなに辛くてもやり通せるか」。

尚弥は頬を真っ赤にさせて返してきました。

「うん。お父さんと一緒にやりたい」。

子どもながらに決意を秘めた表情でした。胸の奥底から熱い気持ちが湧き出ているのが見て取れました。それを受けて、自分は「親と子」ではなく「男対男」としての約束をしました。

「よし、それならお父さんと一緒にやろう。でも本当にできるのか？　明日になったらもう嫌だ、と言うなら父さんは教えないよ」。

尚弥は渾身《こんしん》の力で首を上下に振ります。

「ボクシングをするなら『でも』『だって』も言っちゃダメだからな」。

まだ子どもとはいえ、自分で選んだ道です。その覚悟を示してもらうためにも言い訳は禁じました。できないことを他人のせいにしない。自分で決定を下した以上、そこに責任は発生することを知ってもらいたかったのです。

「うん、わかった」。

尚弥は素直に繰り返します。「よし」と自分は大きな声を出して気合をいれました。

「身体の力を抜いて、左足に五・五の力を入れて、反対の右足には四・五の力をかけてごらん」。

ステップワークを教えると、尚弥の目がギラリと輝き、稲妻のような踏み込みを見せた

――わけもなく、ふにゃふにゃとした動きでした。弟の拓真も幼稚園が終わると練習に交じるようになりました。当時は賃貸マンションでしたが、一部屋を大きな鏡を置いたトレーニングルームにしました。その鏡の前でステップの練習をするのです。

「打たれないためにまずはステップの練習だ」。

一五年前のあの日から、親子で一緒に練習を重ねてきました。尚弥の背丈は自分の腰にも満たなかった。拓真はさらに頭一つ小さかった。その小さな兄弟が小さな拳でジャブやストレートのようなものを日が暮れるまで放っていました。

このときのボクシングは遊びであり、趣味と思われるかもしれません。しかし、そうではありません。自分の気質上、中途半端にはやりたくなかった。六歳なら六歳にできる練習を考えて、一生懸命、教えてきました。リトルリーグなどでは、子どものうちは身体を大きくすることや基礎体力をつけさせることが重要だとよく言われます。技術は高校や大学に行ってから習得すればいい、という考え方ですが、そうではないと思います。小さいうちに正しい身体の使い方やしっかりとした技術を覚えるべきです。三つ子の魂百まで、ではないですが、小さいときに覚えた技術、身体の使い方は大人になっても忘れません。

細かい技術は子どものうちに教えた方が呑み込みが早いのではないでしょうか。大人になると頭で一度、理論的に理解してから身体に覚えさせていきます。でも子どもは、頭で理解する前に身体で覚えてしまう。技術を一つひとつ積み上げていけば、フェイント一つ取っても、スパーリング大会でできるようになると、小さいながら達成感を得ることができます。そのフェイントから今度は右ストレートが当てられるようになれば、子どもたちはいっそう喜び、日々の練習に打ち込めるようになります。

とはいえ、小さな子どもですからボクシングが雑になるときもあります。手を抜いて、流した練習をしてしまうときもあります。でもそのようなときも、頭ごなしに怒鳴りつけたり無理やりやらせようとはしませんでした。

「尚、ちょっとパンチ打ってみな」。

とミットを構えます。打ち込むや否や、

「尚、すごいなーっ！　昨日よりパンチ強くなってんじゃん」。

そう励ましたものです。子どもですから、ガラッと表情を変えて嬉しそうにミット打ちをせがみます。人は褒められたり喜びを感じると脳内に快感をもたらすドーパミンという物質が分泌されるそうです。そうなればパフォーマンスも上がりますし、気がつけば疲れも感じずにものすごい量の練習をこなしていた、という状況になるのです。

「拓、今のステップワーク、速すぎて父さん見えなかった。もう一回やってみ」。

拓真も嬉々《きき》として動きます。

一五年前を振り返れば、親として、自分が大好きなボクシングを好きになってくれるように、飴《あめ》と鞭《むち》を使い分けて工夫していました。それに子どもたちがうまくハマってくれたかな、という感じです。親がやらせるというよりも、子ども自身が長じるにつれ、ボクシングの素晴らしさに気がつき始めていった。興味本位で始めたことですが、一生懸命やり続けることで競技の深奥《しんおう》が見えるようになったのです。

「左フックを打つときは前足に体重を乗せて」。

「パンチは最後まで打ち抜け」。

少しずつ練習の強度を上げ、少しずつ成長してきました。

今もあまり変わりませんが、当時、子どもの時分からボクシングをしていた選手はほとんどいませんでした。尚弥のクラスメートを見ても、野球やサッカー、水泳を習う子どもが大半でした。一五歳以下のキッズボクシングの大会は今でこそ後楽園ホールで全国大会が開催されていますが、当時は横浜《よこはま》さくらボクシングジム、熊谷《くまがや》ボクシングジムなど個々のジムで行うスパーリング大会があった程度で、組織立ってはいませんでした。「オリンピックで金メダル」「世界チャンピオン」という遠い目標はあっても、球児にとっての「甲子園」、サッカー少年にとっての「国立競技場」のような目標となる舞台はなかったのです。それでも、尚弥と拓真はボクシングの練習を繰り返していました。自分が愛するボクシング。その愛が、いつしか子どもにも伝わったのでしょう。じつはあのときのどこかの時点で「僕はサッカーがやりたいんだ」と子どもに言われたら、それは仕方がないと断念していたと思います。

「五－三－二」で育てる

自分なりのあの当時の指導を振り返り、あえて言葉にすれば、

「五－三－二」。

で育ててきました。全体を一〇とすると、五は普通に接する。「ボクシングもいいけど、勉強もするんだぞ」「明日のマラソン大会はボクシングの練習でやってきたことを思えばチョロイもんだ。頑張れよ」、そんな日常的な親子の会話が半分を占めます。

つぎの三は「褒める」ことです。とりわけ小さいときはよく褒めました。

「今のジャブは切れていた。ブルース・リーでもかわせないぞ」。

子どもが英雄視している人物を取り上げて褒めました。自分も褒められると嬉しいので、子どもたちも積極的に褒めました。子どもは褒められるとよりノッてくれるし、よしもう一度、と頑張ってくれるものです。自分は普段の練習でも子育てでも、いいところを見つけたらその場ですぐに褒めます。「ガードがちゃんと上がっている。偉いぞ」「箸《はし》の持

ち方が上手になった」とその都度褒めるのです。

最後の二は「叱る」ことです。ここがポイントです。ただ単に「何でできないんだ」「昨日できただろ」と声を上げて叱ることはいけません。叱るにはコツがあります。「ダメだ」「やめちまえ」と汚い言葉は使わないことです。

「そんな練習で強くなれるのか」。

「それ、よくないと思わない？」

叱るときこそ、上から押さえつけるのではなく、自分がこう言われたら納得できるな、と一回間を置いて考えてから語りかけます。我が息子ですが、他人格です。頭ごなしに叱りつけない。侮辱をするような言い方も避ける。常に聞く耳を持ち、全否定してはいけません。自分の影響下に置いてマインドコントロールするかのような、そんな指導はしたことがありません。子どもには子どもの人格があります。三人の子には、自分で物事の是非を考え、他人に気をくばることができるように育ててきたつもりです。

ときおり、子どもを自分の所有物のように勘違いしている光景を見かけることがあります。キッズボクシングの会場で、試合に負けたお子さんを怒鳴り、ひどいときには怒りに我を忘れ、息子を殴るお父さんが稀にいます。そのお子さんが慢心したり、手を抜いて負けたのならまだわかります。その家庭の指導法ですからそれは尊重します。でも私はそんな指導は指導者として失格だと断言します。もし自分がその家の子どもであれば、そんなギスギスとした中でやりたいとは思えないし、やり遂げられないと思うのです。

やるだけやって相手の方が一枚上手であれば仕方がない。相手もこの日のために最善の練習をしてくるに決まっているのですから。対策も練る。勝負だから「勝ち」もあれば「負け」もある。最善を尽くして、でも負けることは勝負の世界ではときにあることです。そのときは負けても慰める。実際に負けたときにも、

「よくやった。尚は力を出し切った。つぎに頑張ればいい」。

と慰めました。翌日からその敗北を糧《かて》にして練習すればいいのです。

逆に子どもですから調子に乗ることもあります。スパーリング大会でいい成績を残して、いつまでも余韻に浸っていると、

「おまえに負けた子は、コンチクショウと思って厳しい練習をしているぞ」と、厳しい競技だからこそ、あえて厳しくあたったときもありました。

長男は二階級王者、次男は世界ランカーです。その実績から私に二〇一四年度に、二〇年度にもっとも功績のあったトレーナーに送られるエディ・タウンゼント賞をいただきました。この受賞、そして尚弥の二本のベルト、拓真のＯＰＢＦ東洋太平洋スーパーフライ級王者のベルトは私たちだけの力で獲ったものではありません。親子でお世話になってい

る大橋ボクシングジムの大橋秀行会長をはじめとする大橋ジムの皆さんの力があってこそのものでした。そして、ボクシングに専念できる環境を作ってくれた妻・美穂《みほ》や長女・晴香のおかげです。

エディ賞の由来となった、エディ・タウンゼントさんはガッツ石松《いしまつ》さん、赤井英和《あかいひでかず》さん、井岡弘樹《いおかひろき》さんら数々の名ボクサーを指導された方です。エディさんは優秀なトレーナーであり、人格者でもありました。精神論が根強く残った時代に論理的なトレーニングを取り入れ、選手だけでなくトレーナーも指導されたようです。

「リングの上で叩《たた》かれて、ジムに帰って来てまた叩かれるのですか？　私はハートのラブで選手を育てるの」。

自分の指導も同じです。ボクシングのトレーニングに竹刀《しない》はいりません。顔はよく強面《こわもて》と言われますが、「ハートのラブ」で二人を育ててきたのです。

実際にどのようなトレーニングをして、どう育ててきたのかをこれから語ろうと思います。また世界戦の前後の逸話や井上家の過ごしてきた一五年をあますところなく語っていきます。今後、語っていく上で、尚弥を尚、拓真を拓といつも呼んでいるように記していくことはご了承下さい。

井上真吾

目次

はじめに ―― 3

第１章　決戦前夜 ―― 21

納豆ご飯を作って／母の特製親子丼／それぞれがそれぞれに準備する／「判定勝ちでいい」という指示の一方で倒す練習／階級を上げると鉛の拳が出来上がった／開始三〇秒でダウンを奪うも／「一万時間の法則」／グローブをチェックさせろ／試合後、家族で和食のファミレスへ立ち寄ると

第２章　生活のなかに自然とボクシングが組み込まれている ―― 57

井上家の秘密／本人の自覚なしには強くならない／試合二日後にロードワークを開始／ランニングに行くといってサボっていたこともあった／自宅のバルコニーからぶら下がる荒縄／自分がまずやってみせる／「愛情ブレーキ」／ジムワーク／打ち抜

く／イメージすること／常に「勝つ」／中三で当時、日本王者の八重樫東と練習／アマチュアボクシングの「障壁」／苦い敗戦を糧に／強い相手以外とは戦わない／最強の世界王者になるために／強敵相手に名勝負を重ね、偉大な王者へ

第3章 基礎が大事。近道はない —— 115

無理に押し付けない／「マイナス」からのスタート／悪友との縁を切る／一回の塗装ごとに写真を撮って証明に／仕事のおかげで人とは違う物の見方が身についた／まずはパンチを外す技術から教える／できるようになるまで練習する／一番むずかしいアッパーから学ぶ／リラックスしろ、の真意／長所を潰すとパニックに陥る／大橋会長の育成方法

第4章 ベストを尽くせるように環境を整えるのが親の役割 —— 151

絶えず見ている／バイト代でスニーカーをプレゼント／不動産もコツコツ勉強／井上ジム設立／ボクシングジムは挨拶からはじまる／井上ジム設立で、子どもたちがより真剣に

第5章　どんな挑戦も受けて立つ。わくわくする相手とやりたい ―― 171
調子にのるなよ／悔い／インドネシア大統領杯で優勝／軽量級最強の選手／ロマゴンと対戦するには

井上尚弥、拓真兄弟対談（ときどきお父さん） ―― 194

目の前のことにただただ必死になっていた――井上美穂 ―― 226

あとがき ―― 240

構成：岩崎大輔

第１章　決戦前夜

１歳の拓真（1997年２月24日）

納豆ご飯を作って

朝七時に起床した尚が、妻・美穂に台所で朝ごはんをリクエストしていました。お茶碗七分目ほどのご飯に市販の納豆《なっとう》と卵をかけた簡単な朝食です。普段はスーパーの特売の卵を買うかみさんも、試合前は一パック三〇〇円ほどの高級な卵を買ってきます。尚はその納豆ご飯を美味しそうに食べながら、

「試合が終わったら、からあげが食べたい。ステーキもいいな。モヤシのささみ和《あ》えも作って」。

と減量から解放された翌朝で、次々と食べたいものをリクエストしていました。止まるところのないリクエストにかみさんは微笑みながらも、「皿は尚が片しなさいよ」といつもの調子で話しています。

拓はもう朝食を終えてリビングで簡単なストレッチをしています。尚はメインイベントなので、前座である拓とは試合の開始時間が異なります。拓は尚よりも少し先に準備を始めています。拓の仕上がり具合が悪くないことを確認しつつ、尚に向かって、「拓の試合があるから先に出るけど、もう一回、ナルバエスの動きをチェックしておけよ」と言うと、うん、といつもと変わらぬ返事でした。

二〇一四年一二月三〇日、尚のプロ八戦目世界最短の二階級制覇がかかった当日の朝もこのように、いつもと変わらない始まりでした。

朝食を終えた尚はリビングに姿を現すと簡単なストレッチをして、もう一回寝よう、とつぶやき、二階の自室に戻りました。

ボクサーに限らずスポーツ選手は試合前に炭水化物を多めに摂取します。世界タイトルマッチともなれば三分一ラウンドが一二回です。持久力も瞬発力も必要とされる競技です。試合のためにはマラソン選手並みに炭水化物を摂取しておかないと持ちません。例えば、うどんやパスタ、ご飯、お餅などの食事をとります。力うどんを食べた後、デザートにきな粉餅を食べる選手もいます。マラソンの金メダリストの高橋尚子《たかはしなおこ》さんは現役時代、レース前夜に「力うどんとご飯」が定番メニューだったそうです。ほぼ炭水化物のみです。休みの日にその食事をしたら確実に太りますが。

一度に大量に食べるよりも、少量を小刻みにとったほうがいいようです。尚の応援に明治のザバスさんについていただき、栄養学についても教わっています。まだ若いので鶏のからあげや焼き肉が好物です。以前は焼き肉を食べに行くときはカルビを選んでいましたが、ロースやタンなど脂身が少ない部位に切り替えること、好物のウインナーも加工食品なので脂が多いことを教えてもらいました。

もっとも、独学ですが、自分でも勉強していました。ネットが普及する前でしたから、本屋に立ち寄ってお母さんたちに交じって栄養学やダイエットの本を選んでいました。色の濃い野菜や海藻を食べたり、食後にヨーグルトや果物を食べたりなどは以前からしていたことです。尚も拓も育ち盛りで肉が大好きです。試合が近づいてくると、肉を食べるときにはお湯で茹《ゆ》でて肉の脂を落とす、ということもすでにやっていました。

尚の試合はメインですから、開始は夜の八時です。会場に五時間前に入るにしてもまだ時間に余裕があるので、また眠りにつきました。起きてまた食べて試合に備えます。

一般論ですが、試合直前の選手は生ものを口にしません。仮に刺身やお寿司、ユッケが大好きでも試合前に食べて、食あたりをしたら目も当てられません。火を通したものを食べることが鉄則です。ただ尚は「鉄分補給」の意味でレバ刺しを食べていました。そのときも安心できる店で新鮮なレバ刺しを出してもらいました。もっとも今では法律で禁止され、レバ刺しは食べられなくなりましたが。

母の特製親子丼

拓は身体をほぐしながら、対戦相手のネストール・ナルバエスの動画をチェックしています。尚と戦うオマール・ナルバエスの実弟でフライ級の世界ランカーです。試合に向けてそれぞれが準備をはじめています。食べること、眠ることも準備です。尚も拓も自分のペースで試合に臨んでいます。

かみさんは尚が起きてきたときに食べる親子丼の準備をはじめました。納豆ご飯でも使用した高級卵です。鶏肉もいつもはブラジル産の安価なものですが、試合の日は国産を使います。

時間の針を少し戻すと、計量後、大橋ジムの選手はジムの二階にある「金谷《かなや》」で食事をとります。八重樫東《やえがしあきら》選手、松本亮《まつもとりょう》選手、尚、拓はものすごい勢いでおじやのお椀を空にして、パスタの皿もきれいにし、うどんにも手を伸ばします。参鶏湯《サムゲタン》を食べながら果物の盛り合わせにも手を伸ばしと、息つく暇もありません。

「ゆっくりと何度も嚙みながら」。

大橋会長が注意します。ですが、先ほどまで減量のために食べたくても食べられなかった選手たちは「はい」と返事はするもののその実《じつ》、聞き流しているようです。

金谷は海鮮料理が美味しいのですが、この日ばかりは誰も頼みません。

「終わったらうちの美味しい海鮮を食べに来てね」。金谷の大将は万事心得ています。ちなみに尚はネギが苦手です。金谷でも尚の茶碗は「ネギ抜き」で盛られています。ラーメンを注文する際も「ネギ抜き」です。言い忘れて刻んだネギが乗っていると丁寧に私の丼に入れてくれます。とりだせないような状況だとリング上の闘志溢れる姿は影を潜め、しばし丼を見つめています。自分が「薬だと思って食べちゃえよ」と背中を押さないと口にしません。拓は生ものが苦手です。刺身も寿司もレバ刺し、ユッケなども口にしません。よく解釈すれば、生まれながらのボクサー向きの体質なのでしょう。

尚は金谷で食事をし、帰宅すると親子丼を食べます。大橋会長は、「食べ物でも親子の絆か」と笑っていました。ゲンをかついでカツ丼という選択肢もあるのでしょうが、減量明けに揚げ物はキツイのか、親子丼です。

そしてナルバエスとの世界戦の当日の昼食も親子丼でした。かみさんが茶色い卵を割り、さいばしで溶いています。出汁《だし》の香りがキッチンから漏《も》れてきます。かみさんも、気持ちの入った親子丼を作っています。

それぞれがそれぞれに準備する

二人のトレーナーである自分にもすることがあります。タイトルマッチ、あるいはそれに準じる試合となると着用する特別なジャージがあります。所属ジムの大橋ジムから支給されたもので、日本国旗が縫い付けられた真っ赤なジャージです。自分はそのジャージを着る直前に身を清める意味でシャワーを浴びます。シャワーで清め、真っ赤なジャージに

袖を通すと、

「さあ、やるぞ」。

と気合が入ります。以前は冷たい水を浴びよう、と思って試しましたが、トレーニングもせずに冷水を浴びるとただ身体を冷やし、心臓が驚くだけと気がつきあきらめました。

シャワーを浴びて荷物を車に詰め込んでから、

「尚、リビングに集まれ。円陣を組んで気合いれるぞ」。

「今日まで一番汗を流してきたのは誰だ？」

「戦う準備はできているか！」

——などと声をかけたことは一度もありません。尚も拓も自分との練習のために学生時代は帰宅部でした。ですから体育会系のようなパフォーマンスも大きな掛け声もなく、淡々と試合に臨みます。「戦いに入る前の儀式」のようなものは一切ありません。井上家は至ってマイペースです。これまでしっかり練習を積み重ねてきたので、押し付けがましいセリフは必要ないのです。いつもの力を出すためにはいつも通りに振る舞うのがいちばんです。

「三時には会場入れよ」。

かみさんが冷蔵庫に親子丼を入れてあるから電子レンジで温めて食べなさい、と伝えています。尚は「拓、おまえのスピードにナルバエス弟はついてこれないぞ」と寝ぼけ眼《まなこ》で話しています。

自分の車に荷物を積み、拓とかみさん、長女の晴香を乗せて東京体育館に向かいました。このときばかりは忘れ物が許されません。会場に着いてから「あれ、ガウンは？」とならないように家族総出で荷物を何度も点検しました。ちなみに尚は少し抜けているところがあります。専門誌のポスター撮影の際、ベルトを持っていくのを忘れたことがありました。慌てて取りに戻った経験から、以降、撮影時にはベルトは持っていくようになりましたが、今度はトランクスを忘れたことがありました。その点、拓はしっかりと点検して出て行くので失敗はありません。小学校の遠足の前夜、天気予報で翌日の目的地の天候を調べ、雲行きが怪しいとわかるとリュックにカッパを詰めていました。兄弟なのにいろんな違いがあるものです。

初めてのタイトルマッチであればもう少し面倒を見ようかとも思うのでしょうが、世界戦は三度目なので勝手もわかっています。尚ももう二一歳の成人なので自分のことは自分でするだろう、と思い自宅に置いていきました。

尚は甥っ子の浩樹《こうき》が迎えに来てくれ、後から会場へ入ります。後に聞いたのですが、親子丼の他に自分で蕎麦《そば》を茹でて食べたそうです。誰もいない家でざる蕎麦を作って併《あわ》せて食べたのです。その後、提供を受けている「ザバス」のゼリー飲料を摂取したりして、試合に備えての食事は終わりました。

先に会場に入った自分と拓はリングに上がり、広さやマットの硬さ、弾み具合を確認しました。拓は客席の階段を上り下りし、身体を温めています。試合の時間が迫ってくると自分の表情も硬くなっていたのでしょう。

「今日は大一番ですね。リラックスして頑張りましょう」。チーフトレーナーの松本好二《まつもとこうじ》さんが声をかけ、気持ちをときほぐしてくれます。松本さんは現役時代、サウスポーのテクニシャンとして日本フェザー級王座、OPBF東洋太平洋フェザー級王座に輝きました。結果はともないませんでしたが、三度、世界挑戦もしています。中でも二度目の挑戦であった一九九七年五月の崔龍洙《チェヨンス》との一戦は敵地・韓国に乗り込んでの判定負けでした。仮に国内であれば松本さんの腰にベルトが巻かれただろう、と思われる一戦でした。

トレーナーとしては、川嶋勝重《かわしまかつしげ》選手をWBC世界スーパーフライ級王者に、八重樫東選手をWBA世界ミニマム級王者、WBC世界フライ級王者の二階級王者に導いています。二〇〇四年度には、自分もいただいたエディ・タウンゼント賞に輝いています。

大橋会長もそうですが、松本さんは選手としてもセコンドとしても檜舞台《ひのきぶたい》を何度も経験しています。世界戦の舞台でも緊張であがることなく、ここが勝負所、ここはまだ引いていい、と流れが把握できる方が側にいるのは心強いものです。甲子園初出場の学校と何度も出場している強豪校とでは蓄積が異なります。大舞台でもいつもどおりに振る舞えることこそが、大橋ジムの強みなのです。松本トレーナーと佐久間トレーナーは、「わからないことや困ったことがあれば何でも聞いてくださいね」と、表情は笑顔ながら、ピンと張り詰めた緊張感が漂います。

このように、ボクシングとは本人の練習と鍛錬、そして周囲の人のさまざまな協力、助言、支援によって作りあげられていくものなのです。

「判定勝ちでいい」という指示の一方で倒す練習

ナルバエスもリングチェックを始めました。この夜の尚の対戦相手は、WBO世界スーパーフライ級王者のオマール・ナルバエス——。

アマチュアで二度の五輪に出場し、WBO世界フライ級王座を一六度防衛し、スーパーフライ級に一階級上げると一一度防衛した、アルゼンチンが誇る名王者です。戦績は四三勝（二三KO）一敗二引き分け。唯一の黒星はノニト・ドネアに判定で敗れたもののみ。ドネアは軽量級ながら本場ラスベガスで活躍するスーパースターです。

ナルバエスは三九歳と高齢な選手です。メジャーリーグのイチロー選手、プロ野球の黒《くろ》田《だ》博樹《ひろき》選手、サッカーのキング・カズこと三浦知良《みうらかずよし》選手など四〇歳を超えても第一線で活躍する選手が増えてきました。ボクシングでも四九歳で世界チャンピオンに返り咲いた例もあります。ただ、パワー、スタミナに加えてよりスピードを重視する軽量級では四十路《よそじ》間近の選手が王座にいることは稀なことです。これ以上強くなることはないものの、四三戦の経験に裏打ちされた「引き出しの多さ」は要注意です。世界のさまざまなタイプの選手と戦い生き残った経験は、尚にはない強みでしょう。

若いときのナルバエスは左ストレートを得意とする、力で押すタイプのサウスポーでした。手数も多く、打ち合いも得意としていました。しかし長く防衛するにつれて卓越したテクニックをも身につけ、今では相手の長所を封じるような老獪《ろうかい》さが見られます。二〇代と比べると持久力は衰えているでしょう。しかし一瞬の体力はまだ健在です。その年齢まで世界王者としてやってきたことは、まさに百戦錬磨と評するべきでしょう。

「尚が力んでナルバエスの老獪さ、ごまかし、術中にハマり、何もさせてもらえずに判定負け」

——それが自分の中でのもっとも悪いシナリオでした。

選手を、プレッシャーがかかればかかるほど緊張するタイプ、逆にその緊張感を力に変えられるハートの強いタイプの二通りに分けるとすると、尚は前者です。プレッシャーに弱いわけではないのですが、多くのファンが見ていると思えば、「よし倒そう」と思い、力んだ大振りのパンチを振るってしまう悪い癖が、この時点ではまだ残っていました。

その最たる例がプロ第四戦目の日本ライトフライ級タイトルマッチでした。二〇一三年八月、日本ライトフライ級王者の田口良一《たぐちりょういち》選手とのタイトルマッチは三―〇の判定勝ちでした。この試合がはじまってすぐ、田口選手と数発、拳を交えた尚は、「スピード差を活かせば判定で勝てる」と感じたそうです。しかし、試合会場が地元のスカイアリーナ座《ざ》間《ま》で、学生時代からの友人、近所の人たちも応援に来てくれています。また田口選手もこれまでの選手と違い、尚の左フックを恐れることなく、相打ち覚悟でカウンターをかぶせてきました。日本チャンピオンのプライドを見た思いです。しかしながら、基本のスピードとパワーと技術は尚に分《ぶ》があります。ラウンドを重ねていくと、田口選手にはダメージが色濃く、「もう終わるかな」と思いました。ところがその矢先に、また左フックをかぶせてきたのです。最後まで闘志を切らさずに、ギラギラとした目で尚に襲いかかってきます。尚も田口選手の気迫や地元の応援に煽られて真正面からの打ち合いに付き合ってしまいました。これまでやってきたステップイン、ステップアウトを忘れ、大ぶりの左フックを放ちます。判定では勝ちましたが、尚の勝気な性格の悪い面が出てしまった試合でした。

ですからナルバエスとの試合前に、

「これで倒せば世界最短だ。記録に名前を刻めよ」

――そう言えば力むのは目に見えていました。

力めばナルバエスに隙《すき》を与えることにつながり、その術中にハマります。大振りのパンチにカウンターを合わせられる姿が容易に目に浮かぶのです。試合が決まってから何度も言ったことは、こんなことでした。

「今回は勝つことが大切。観客から、『つまんねー、倒しに行けよ』と言われてもいいから。焦らずにスピードで翻弄《ほんろう》して、判定で、大差判定で勝てばいい」。そう指示を出していました。

ただ実際の練習はそうではなかった。ジャブを突いて、ステップでかわして、という練習はせずに、右ストレートをガードの内側から打ち込む練習に多くの時間を割いていました。

階級を上げると鉛の拳が出来上がった

アマチュア時代から何度もダウンを奪ってきた右ストレート。これまでは相手のガードのやや外側から打ち込んでいました。それを内側から打てるように反復練習をしました。

サウスポーの選手のガードの隙間を狙《ねら》う右ストレートです。練習での尚は外側からの軌道で右ストレートを放ちがちでした。強く打とうとする意識が先行すると力んで外側からの軌道になってしまうのです。

「内側だよ、内側。強く打たなくていいから」。

「また外からだったぞ」。

「そう、その感じ、今のもう一回」。

そう何度も注意しました。子どものときからそうしていましたが、何度も注意をすることで尚の頭に刷り込まれ、やがて打てるようになりました。

尚は左フックが得意です。この左も磨き上げてきました。右で誘って左フックで仕留める、このコンビネーションは、ドネアも得意としています。

尚はアマチュア時代からこのパンチで何度も相手を仕留めてきました。ぐいぐいと攻めながら、一転、バックステップをし、隙を作らせてから左フック。強い左を効果的に当てるために、あえて一回、後ろに下がり、相手が「えっ」と驚く瞬間を突くのです。右ストレートを意識させて、左に切り替えることもします。強い左フックも相手に警戒されては効果が減ります。「左がくる!」と意識されればジャストミートしても耐えられるものです。そのためにさまざまな布石を打ち、流れの中から左フックで仕留めるのです。

じつはこの左フックに大きな変化が起きていました。

左フックをミットで受けていると、あたかも鉛を打ち付けられているのか、と思うほどパンチが重くなっていたのです。ライトフライ級時代の尚はハードヒッターのイメージはなかったかもしれませんが、パンチ力自体はありました。ミット越しに受けていても、石で打ち付けられたような感覚でした。そこに鉛のような重さまでもが加わったのです。尚の左フックを受けると、ミット越しに痺《しび》れるような衝撃が腕を通して全身に走り抜けました。ミットをはめる前に入念にテーピングをし、軍手をした上で受けないと自分の手が耐えられないほど重く硬い拳になっていたのです。

それにはわけがあります。

プロデビューは高校からの流れでライトフライ級でしたが、二一歳と大人の身体に変化していくにつれ、減量に耐えられなくなっていたのです。身体が成長するにつれて筋肉の量も増えてきます。普段の状態では五八から五九キログラムですが、その体重からライトフライ級のリミットである四八・九七キログラムまで落とすことが厳しくなっていました。五〇キログラムまでは練習と食事の量を抑えることで落ちます。ですがその先の三キログラムがどうにもならなくなっていたのです。その三キログラムを落とすために練習で築いた筋肉を削ぎ落とすのは、過酷なだけでなく意味のない減量でした。試合前から「一

○キログラムの減量」という大敵が、当日の対戦相手よりも重くのしかかっていたわけです。

ライトフライ級時代、減量のピークになると自分が見ている範囲では食べ物を口にしませんでした。軽くうがいをする程度で水さえも飲まない。体内の水分を奪われると、動きにも活気がなくなります。舌も乾き、口がうまく回らなくなるために、自然と口数も減ってきます。最後の一日などは、しゃべりたくてもしゃべれない。こうなると、いつもは明るい尚ですが、話しかけてこないし、自分からも「尚、調子はどうだ？」と陽気に声をかけることもできなくなります。

リビングに来なくなり、部屋に籠《こも》ってばかりです。計量日までぐったりと寝ながら体重が落ちるのを待っている時間が増えました。この状態で練習をしても汗も出ません。無理に動いても身体が言うことをきかないので、基礎代謝で体重が落ちるのを待ったほうがいいのです。

「たかが三キログラム」――。

ボクシングをやっていない方はそう感じられるかも知れません。しかし、この三キログラムを落とす苦しみは、近くで見ているだけでもキツいです。

六戦目で日本人最短となる世界タイトル奪取に成功しましたが、試合の途中に減量の影響で足がつりかけるアクシデントにも見舞われています。三ラウンドの途中に足がつりかけ、インターバルの間に必死に揉みほぐし、なんとかごまかしていたのです。六ラウンドに足を止めて打ち合い、メキシコ人の王者アドリアン・エルナンデスをＴＫＯで撃退しての戴冠でした。がちゃがちゃと打ち合うことは誰にでもできますが、自分は「打たせずに打つ」を理想としています。それこそがボクシングのテクニックであると思うのです。しかし六ラウンド開始から「倒してこい！」とゴーサインを出す、というか、出すしかありませんでした。減量で足が動かなくなってしまい、築き上げた技術を投げ捨てて打ち合うしか選択肢がなかったのです。お客さんはやんやの大喝采でしたが、自分はハラハラしていました。減量で心身の葛藤を繰り返していては、肉体にも精神にもダメージが残ります。試合ごとに一〇キログラムを超す減量をしていては尚の選手寿命を短くすると思いました。

「適正な階級でやれれば尚の真の力が発揮されるのでは？」

自分としては五〇・八〇～五二・一六キログラムのスーパーフライ級が適正な階級と感じていました。六～七キログラムの減量であれば、練習と食事量の調整で到達することができます。絶食をしないことで、ストレスからも解放されます。たとえ少量でも食べられる、そのことで、メンタル面でも大きく違ってくるのです。

大橋会長に相談をすると、「フライ級でも減量苦があるのか。だったらスーパーフライ級でもいいですよ」と了承してくださいました。

大橋会長からゴーサインをいただいたことで、尚の真の強さを引き出す練習メニューを考えました。ただ一方で、フライ級を「飛び級」していきなりの世界王者への挑戦です。「調整試合もなくて大丈夫なのか」との声はよく耳にしました。いきなり世界王者と戦うのではなく、手頃な選手で調整し、うまくいけそうだと思えば挑戦すればいい、というのは正論でしょう。本音を言えば、自分の中にも一抹の不安は残っていました。

ライトフライ級とスーパーフライ級には、わずか三・一九キログラムの差しかありません。しかし、この三キログラムが「階級の壁」となる恐れもありました。体重別競技のボクシングでは、ハードパンチが一つ階級をあげたことで影をひそめることはよくあります。下から上がった選手の優位な点としてスピードがまずあげられます。しかしその一方で、対戦相手の身体も大きくなります。タフネスさも増す。以前の階級では倒せていたパンチが、上の階級の選手には通用しない、ということはままあります。フィリピンが誇るスター選手のマニー・パッキャオはフライ級から始めて、一九キログラム重いスーパーウエルター級まであげて実績を残しましたが、通常では考えられないことだったからこそ、スターダムにのし上がったのです。

ライトフライ級時代の尚には一発で相手を倒すようなイメージはなかったでしょう。距離を保ちながら、じょじょに強打を当てて、流れの中で相手の隙をついて仕留めるようなイメージでしょう。そのような選手が二階級もあげて、ましていきなり世界戦で大丈夫なのか、という疑問の声にもうなずけます。専門誌でも、尚が勝つ展開としては「スピード差を活かして、大差判定勝ち」でした。パンチ力に関してはほとんど関心が払われていませんでした。

しかし実際にミットで受けていると、右でも左でも、どのパンチでも倒せる威力がありました。胸の内では、尚の拳の重さや硬さに舌を巻いていました。

「この拳は二階級上、いやもう一階級上のバンタム級の選手にだって通用する」。

自分の中で自信も深まりつつありました。またスパーリングでも、減量期であっても動きにはキレが保たれていました。それだけではなく今回はリビングにも現れ、グレープフルーツや納豆ご飯を自分の前で食べるようになりました。食べられることでストレスも緩和され、冗談さえもいえるようになりました。

「父さんはスーパーフライ級が適正だと思うけど尚はどう思う?」

「これでいいよ。パンチに体重がしっかり乗るからね。ナルバエスならかみ合うだろうし」。

珍しく尚が断言したのです。自分は尚のその直感に懸《か》けようと思いました。

「尚の直感を信じる」。

自分はトレーナーとしてともに戦い、支えていますが、尚の身体ですから、やはり本人の直感がいちばんです。尚は自身のボクシングについて、「七割がお父さんの理論、残り三割が僕の感覚で成り立っている」と評します。割合の配分に関しては感覚的なところもあると思いますが、自分も尚の直感を信じています。尚がスーパーフライ級がベストだと感じるなら、自分もそれを信じます。


減量から解放された尚の強さはスパーリングでも一目瞭然でした。

元WBC世界フライ級王者でサウスポーのマルコム・ツニャカオを圧倒しました。最初こそ、ツニャカオの角度を変えて放つ重いジャブに戸惑っていましたが、やがてスピードで翻弄し、威力ある左ボディで下がらせ、上下の打ち分けで歴戦の勇者を退けました。

「井上選手はいま日本でいちばん強いボクサーです。日本、アジア、世界でも五つ星の選手だと思う。左ボディは特にいい。左ボディで崩し、後半に顔面を狙っていけばいい」。

ツニャカオは尚をそう褒めました。多分に試合前のリップサービスも含まれているとは思います。しかしながら、スパーで拳を交わしたツニャカオだからこそ感じた尚の変化だと思います。ツニャカオが指摘するように左ボディの切れ、重さはまさに「必殺技」のようでした。ミット打ちでも自分の手のひらに残る感触がまったく別のものになっていました。

「尚の真価がついに発揮される」。

自信が確信に変わりました。

開始三〇秒でダウンを奪うも

ゴング――。

開始からわずか三〇秒でした。

尚が右ストレートを立て続けに二発打ち込むと、ナルバエスは酔っ払いのように倒れました。そう、この日のために練習してきた、サウスポーのガードの内側から打ち込むあの右ストレートです。右ストレートがナルバエスのおでこを打ち抜き、おそらく脳震盪《のうしんとう》を引き起こしたのではないでしょうか。二発目の追撃の右は浅かったですが、ガードをくぐり抜けてこちらもダメージを与えました。

――この右こそが、まさに狙っていたものでした。

「ガードの上からでもかまわないから、まずは強いパンチを」。

そのことは口をすっぱくして刷り込みました。ナルバエスは、フライ級、スーパーフライ級を合わせて二七度防衛した王者です。当然、駆け引きに長《た》けています。名王者に対してまずは主導権を握る意味で、ガードの上からでもおかまいなしに強打をぶち当てる。先制攻撃で試合の主導権を引き寄せるつもりでした。「直撃されたら危険だな」と尚の拳の威力を刷り込ませようと思っていたのです。

実際のボクシングの試合は、漫画のように打ちつ打たれつ、ボロボロになりながらも最後は必殺技一発で決まる、というようなことはありません。勝利をたぐり寄せるための駆け引きがあります。今回で言えば、最初に強いパンチをどこでもいいからぶち当てよう、と考えていました。直近の二試合のビデオを見返すと、ナルバエスは相手の攻撃力が高いと、とたんにディフェンス主体になる特徴が見て取れました。自分は対戦相手のビデオを穴の開くほど観たりはしません。直近の二試合程度を何度か観て、だいたいのイメージをつかむ程度です。ナルバエスもざっと数回観た程度です。相手のパワーが強かったり、スピード差を感じると、序盤は守りを固めて戦うこと、ガードは上部を覆うようなスタイルで、頭部への攻撃はしづらいが、反対にボディには隙があること、そんなことが見て取れました。ナルバエスの若い頃の試合も観ましたが、今とはファイトスタイルも大きく異なるのですぐに再生を止めました。過去のビデオには固執しません。極端に言えば、オーソドックスの選手が尚との試合のときにだけ突然、サウスポースタイルでくるかもしれません。ですから、こうだ、と囚われるのはかえって危険だと考えています。二〇一三年八月の久高寛之《ひさたかひろゆき》選手を退けた試合やドネアとの試合をざっと観て、クセやコンビネーション、リング上での気質を見るに留めました。その中でも勝機は見えてきます。

「まずは強打をブチかまし、主導権を握る」

――さきほども言いましたが、相手の攻撃力が高いとナルバエスは途端に守備的になります。ドネアとの試合がまさにそうでした。ドネアの左フックを警戒するあまり亀のように丸まって自分からは手を出さない。ドネアも、「あの試合は自分の強さを過信して、相手の研究を怠った」と試合後、反省していたように、ボディ打ちをほとんど出しませんでした。ボディを打ち、相手のガードを下げさせて空いた顔面を打ち抜く上下のコンビネーションがほとんどなく、ひたすら強いパンチを頭部に放っていたのです。いかにドネアの閃光《せんこう》のような左フックでも、来るとわかっていれば対応もできます。とはいえ、ドネアの勢いに飲まれ、ナルバエスもなす術《すべ》なく判定で敗れたのですが。

だから主導権を握ることがまずなすべきことだと思いました。強いパンチで怯《ひる》ませれば、主導権を握って試合を進められる。中盤までにポイントを取れるだけ取る。キーとなるのはボディとにらんでいました。歴戦の強者ですからボディも肘《ひじ》で巧みにブロックします。それでもかまわず腹を叩く。ガードを下に意識させる。後半にかけてポイント奪還のために焦って自分から打ち出したナルバエスの隙をついて、下から上のコンビネーションでダウンを奪う——そのような展開を考えていました。打ち合いに巻き込みダウンを奪えるのは、早くとも中盤と見立てていたのです。

ところが——。

警戒させようと思っていたパンチであっさりとダウンを奪ってしまったことは自分としても驚きでした。ナルバエスはアマチュア、プロを通じて一五九戦して、一度もダウンがないディフェンスに長けた選手です。その選手が三〇秒で倒れたのです。嬉しい誤算でした。

尚自身も「パンチの乗りが全然違った」と驚いていたくらいです。というのも、試合用のグローブは八オンスですから、スパーリング用の一四オンスのグローブとは感覚が異なるわけです。尚自身がびっくりするほど体重が乗ったパンチを打てた。軸もブレないので、つぎの右ストレートもスムーズに打てたわけです。

それをモロに受けたナルバエスはダメージが深刻で、これはチャンスだと感じました。しかし尚はこの右で、自分の拳も痛めてしまいました。当てた場所が前頭部の硬い箇所だったからです。

箇所は違いますが、プロデビュー三戦目の当時、日本ランキング一位の佐野友樹《さのゆうき》選手との試合でも右拳を痛めました。右のダメージを隠しながら左一本でTKO勝ちを収めた経験があります。この経験を生かし、右は強く握り込まず、左で勝負をかける作戦に切り替えました。

幸い、ファーストダウンでナルバエスに右の強打を刷り込ませることができました。尚が右を打つふりをするだけで、ナルバエスのガードがあがります。とはいえ歴戦の王者です。反撃を試みようとガードを固め、距離を詰めてきました。しかしこの展開はこちらが待っていたものです。尚は上下に打ち分け、左フックがテンプルをかする。かすったと思ったのですが、ナルバエスはコーナーポストの手前で二度目のダウンを喫しました。最初のダメージが残っていたのです。

インターバルでは、会場が異様な熱気に包まれました。自分もその歓声に押されて、興奮で手のひらが汗でびっしょりでした。まさかあのナルバエスから初回に二度もダウンを奪えるとは誰も想像していなかったと思います。リング周辺も異様なまでに高揚した雰囲気で、言葉にならない歓声が飛び交っています。声援があまりにも多すぎて、尚に言葉で声をかけるよりも身体のゼスチャーで伝えた方がより理解が深まると判断しました。手のひらを胸から腹へと往復させ「落ち着け」と伝え、ボディブロウのしぐさをし、「まだ効いているから腹を狙え」と伝えました。尚は自分を見つめて数度、頷きました。興奮がやや収まったころを見計らい、大橋会長が冷静にこう続けました。

「ナルバエスの拳がまだ怖い。でもダメージは残っているから、無理せずに流れで倒せそうならいけ」。

初回のインターバルで早くも「ゴーサイン」が出たのです。

「一万時間の法則」

続く二ラウンド目に三度目のダウンを奪いました。ナルバエスの右フックが飛んで来るや否や頭部を後ろに反らすスウェーでかわし、左フックをカウンターで合わせたものです。

大橋ジムで最初に世界チャンピオンになった川嶋勝重さんが、「教えて打てるパンチではない。サウスポーの見えにくいパンチを外して、そこにカウンターを合わせるのだからとんでもない才能だ」と絶賛してくださったように、ボクシング専門誌でもスポーツ新聞、一般紙のスポーツ欄でも大きく行数を割いてくれたパンチです。

僭越《せんえつ》ながら言わせてもらえれば、あの左フックのカウンターも練習で打てるようになります。尚も試合直後の会見で、目利きの記者から三度目のダウンについて尋ねられて「いつもの練習通りです」と答えたように、練習で培《つちか》ってきたものだったのです。

「一万時間の法則」というものをご存知でしょうか。その分野で一流と呼ばれるレベルに達するには、一万時間の鍛錬が必要という理論です。要約すれば、持って生まれた才能以上に努力の役割が大きい、ということです。アメリカのマルコム・グラッドウェルが『天才！　成功する人々の法則』（講談社）で提唱した理論で、二〇〇八年、全米でベストセラーとなりました。一万時間と聞くと、「えっ、そんなに」と思うかもしれませんが、一日平均三時間ほど練習すれば一〇年間で世界で通用するレベルまで達することができるのです。もちろん一万時間の練習をしたからといって世界に通用するアスリートになれるという保証はありません。しかし、世間から「天才」と称される方々は、皆それくらいの鍛錬を経ているのです。逆に言えば、一万時間を乗り越えて、ようやくスタートラインにたどり着くことができるということなのかもしれません。一万時間を達成すれば、「それで成功」ではありません。ですが、世界で争えるスタートラインには立てるのです。

自分はこの「一万時間の法則」を最初から知っていたわけではありませんが、世間から「天才」と呼ばれる人がそれぐらいの鍛錬をしていたことは察しがついていました。浅田《あさだ》真央《まお》さんはさも簡単そうに氷上で三回転半のジャンプをしますが、それが何千何万回の練習を経てのことであることはわかるでしょう。

ナルバエスから奪った三度目のダウンをひとつずつバラバラに解説しましょう。理屈で言えば、右フックをかわして左フックをぶち当てる――ただ、それだけです。

すでに二度ダウンを奪われているナルバエスからすると、ポイントを挽回するためには自分から打って出ていかなければならない状況です。サウスポーの選手は、右フックがもっとも力を込めて打てるパンチです。そのパンチで倒しにくることは想定できます。その通りにナルバエスが右フックを打ちます。尚はまずその右フックをかわします。このかわすことが最初の作業。うまくかわせました。当然、打ち終わりのナルバエスはガードもできずに隙だらけです。そこに尚が得意の左フックを叩き込みます。

細かく言えば、尚のように右構えのオーソドックススタイルの選手にとって、サウスポーの選手は右構えの選手よりも頭の位置が遠くなります。狙いやすいのは顔の右側です。そこに向けて内側から鋭い左フックを狙うのです。この内側から打つ鋭い左フックは練習でさんざん修正させました。シャドーボクシングでもサンドバッグでも左フックを打ちます。そのときにどれだけ明確なイメージができるか、です。サウスポーの遠い頭をイメージし、半歩踏み込み、内側から鋭く――と意識しながら打つ。このことを理解し、実際に打てるようになるまでには相応の時間を要します。数百、数千時間は要するでしょう。けれども鍛錬していれば、いずれ打てるようになるのです。

尚も最初から三度目のダウンを奪ったカウンターを打てたわけではありません。最初はスウェーでかわすだけで精一杯でした。うまくかわせるようになると、それだけで「ドヤ顔」になっています。ヘッドギア越しでも悦《えつ》に入っているとわかるものです。そこで自分が即座に、

「ハイ、避けただけで満足しない。もっとギリギリでかわせよ。紙一重が理想なんだよ」。

「つぎ、行けたよ。何で行かないの」。

そう注意をし続けてきたものです。何度も声をかけることで、尚の頭の中にスウェーでかわしたらすぐに攻撃、という回路ができあがります。さらにすれすれでかわして、半歩踏み込み、内側からコンパクトに打ち抜く、これをスパーリングやミット打ちで何度も繰り返して、精度を上げていくのです。

ナルバエス対策として、フィリピンから二人のサウスポーのスパーリングパートナーを招聘《しょうへい》し、彼らと合計一六〇ラウンドのスパーリングをこなしました。その練習の中にこの試合でダウンを奪ったパンチはすべて含まれています。

最後にナルバエスの心をへし折った左のボディアッパーも練習通りのパンチです。上下に打ち分けてナルバエスのガードに的を絞らせない。ナルバエスからすれば、それまでの

三度のダウンはすべて上体への攻撃によるものでしたから、尚が左を放つふりをするだけで、ガードが自然と上がっていました。左を頭部に打つふりをしてガードを上げさせる。あとはがら空きのボディに鉛の拳を打ち込むだけ。ナルバエスは苦しそうに膝を折りました。

「よし、(心が)折れた。もう立てないな」。

松本トレーナーが後ろからつぶやきました。

レフェリーのカウントの声も届かないほど会場はお祭り騒ぎです。拓が真後ろから言葉にならない叫び声をあげています。かみさんや晴香に目をやると泣いて抱き合っています。すぐ近くの記者席でも、ベテランの記者でさえ惚《ほう》けたような表情を浮かべています。

「すげぇ〜、マジかよ」。

「スーパーサイヤ人に覚醒した孫悟空《そんごくう》かよ」。

およそ記者とは思えぬような陳腐な感想も聞こえてきました。

グローブをチェックさせろ

試合後、敗れたナルバエスのトレーナーが大橋会長に食ってかかってきました。

「チャンピオンがこんなに簡単にダウンするなど信じられない。グローブに何か細工しているだろう」。

グローブおよび拳を点検させろ、と詰め寄るのでした。大橋会長はその場で尚のグローブを取り、尚もバンテージの巻かれた拳を相手に見せました。細工はもちろんありません。

「どうだ。納得したか」。

大橋会長は「ドヤ顔」です。

相手のトレーナーは一瞬絶句した後、こう続けました。

「んっ、グレート」。

「グレートな新チャンピオンの誕生だ。この少年には、とんでもない未来が待っているだろう。グラシアス」。

一転して、賛辞に変わったのです。

ナルバエスは、たった六分ほどのわずかな時間で、築き上げた実績も栄光も、そしてチャンピオンベルトも奪われ、放心していました。試合後のリングの上には勝者がいて、敗者がいます。先ほどまで自分が巻いていたチャンピオンベルトが尚の腰に巻かれるのです。厳しい現実を眼前に突きつけられますが、それを受け入れざるを得ないわけです。

尚や私が近寄ると、ナルバエスは笑顔を浮かべて賛辞を贈ってくれました。

「すごい少年だ。二階級下だった選手のものとは思えないパンチ力だ。自分の階級よりも強いパンチだった」。

尚はもう二一歳の成人ですが、あどけなさが残るからでしょうか、しきりに「少年」と呼ばれていました。リング外に目をやると、椅子の上に立ち上がり、飛び跳ねるお客さんの姿も見えます。額の汗をぬぐう方もいました。自分もわずか二ラウンドの攻防でしたが、赤いジャージの下に着たTシャツが汗でびっしょりです。興奮の坩堝《るつぼ》と化す会場の中にあっても、尚は舞い上がることなくナルバエスやトレーナーにお礼を述べていました。

尚の成長を感じたのはこのときです。試合前も試合中も、そして試合後も大きく表情を変えることなく、いつもの冷静さを保っていました。決して自信に満ち溢れているわけでもなく、名王者をノックアウトした興奮そのままに我を忘れた発言をすることもなく、年の瀬に会場につめかけてくださったファンの方や後援者、大橋ジム関係者の方に率直にお礼を語るいつもの尚でした。大仰なパフォーマンスはできません。過剰な演出にも乗れません。尚のコメントはいつも通りです。

「大きな試合で無事に結果を残せてホッとしている。しばらくはゆっくりしたい」。

退屈と感じるかもしれませんが、これが尚のいつわらざる心境であると思います。

試合後、家族で和食のファミレスへ立ち寄ると

翌日が大晦日《おおみそか》とあって試合後も普段と違いました。通常であれば、試合後、お台場のフジテレビに招かれ、「すぽると！」に生出演したのでしょう。あるいは早朝か午前中の情報番組に生出演していたのかもしれませんが、年末ということでテレビ番組も特番が組まれています。尚が出るような番組がなく、試合後、会場からそのまま座間の自宅に戻ります。自分の運転で家族全員を乗せて一路、自宅へ向かいました。

「イエ〜ィ、世界最速で二階級制覇!!」

などとはしゃぐこともありません。車中、晴香一人が興奮し、「カラオケでも行く〜」とはしゃいだくらいで、大きな試合での揺り戻しからか、尚は後部座席で大人しくしています。試合は六分ほどで終わりましたが、この日のためにこなしてきた練習の疲れもありました。

「晩御飯食べて帰ろう」とかみさんがいうので目に入った「夢庵《ゆめあん》」に寄りました。

「運転任せた」。

かみさんに告げて、ハイボールとつまみを頼みました。尚は「昼が親子丼と蕎麦だったから」と、うどんを頼んでいました。拓は私が頼んだからあげを横から摘まんでいます。

「今日は二人が勝ててよかった」。

「お疲れさま。会心の出来だ」。

かみさんと二人で簡単に労《ねぎら》うと、二人は「うん、うん」と頷きながらあくびを嚙み殺していました。食事を終えるとまっすぐに帰宅し、録画予約していた試合を家族五人で観ました。だいぶ古くなった液晶テレビも今夜ばかりは鮮明に映る気がします。二ラウンドで終わったので、もう一度再生し直しました。すぐ終わってしまうのでもう一回観て、家族で三度ビデオを見返しました。

「最初のパンチから驚くほど体重が乗ったよね。階級上げて正解だった」。

「四度のダウンは全部練習通りだな」。

「尚、凄いわ」。

「拓、感心している場合か。追いつけ、追い越せだろ」。

その後、尚は「疲れた。寝る」といって自室に引き上げました。拓と晴香も自室に戻り、かみさんは「後片付けしなきゃ」と洗濯機へ向かいました。

自分は晩酌《ばんしゃく》の準備をし、もう一度、ビデオを見返しました。トレーナーとして細かい技術のチェックをするというよりも、父親に戻って、今晩だけは息子の成した偉業に酔いしれたかったのです。アルゼンチンの英雄から四度のダウンを奪った尚の勇姿が酔いを誘います。酔いが回ってくると、

「ゲスト解説の香川照之《かがわてるゆき》さんは実況も解説も全部一人でやっているな」。

「オレって、こんなにガラ悪く見えるのか？　まあ仕方ないか。試合中は真剣だから」。

などとしょうもないことに気がつきながら、携帯電話に目をやるとにわかには信じられないような量のメールやＬＩＮＥが届いていました。メールにはさまざまな言葉で今日の熱狂が綴られています。

我が家のリビングの真ん中には五人が一度に座っても大丈夫なように大きめな木のテーブルがあります。中華料理店によくあるあれです。回転テーブル式でとりたいおかずをクルクル回せるものを買いました。

一人で部屋の中を飛び回り、畳の縁につまずいて机に額をぶつけた尚。赤ん坊なのに姉、兄の真似《まね》をしてお箸で食べようとお椀の中身をこぼした拓。兄弟で腕相撲をよくしていたこと。このテーブルのシミや傷に子どもたちの思い出が刻まれています。

ビデオを再び見直します。練習で繰り返したガードの内側を突く右ストレート。右をスウェーでかわすやかぶせる左フック。上と見せかけての左のボディアッパー。尚と過ごした時間が走馬灯のようによぎります。いつしか尚は六歳の姿に戻っていました。

「僕もお父さんと一緒にボクシングをしたい」。

シュシュシュシュシュ、と拳を振り回していたあの小さな姿です。左足に体重を移動し、右足の蹴る力でジャブを放つ、二六歳の自分の姿をマジマジと見つめる尚が浮かび上がるのです。

芋焼酎を飲み干すと、二階に向かって胸の内でつぶやきます。

「お疲れさま。今日は満点だ」。

家電の電源を落とし、リビングを立ち去りました。

第2章　生活のなかに自然とボクシングが組み込まれている

5歳の拓真（2001年9月23日）

井上家の秘密

我が井上家に「強さの秘訣」があるとすれば――。

それは「リビング」なのかもしれません。

井上家では頻繁《ひんぱん》に家族会議が開かれます。リビングにある大きな木のテーブルで語り合うのです。全員参加で開かれるときが多いですが、個別のときもあります。家族会議の目的は、子どもたちが今何を考え、目標はどこにあり、どのような壁があるのか、などを把握することにあります。子どもたちのことは会話をしなくとも、しぐさや表情でわかるものです。けれどもときには言葉を交わすことで、よりしっかりと意思を確認することができます。会話を交わすことで目標や悩みもわかり合えます。尚がカザフスタンで開かれたアジア選手権で「あと一勝」が叶わずロンドン五輪出場が消えた一九歳のとき、進路について家族会議を開きました。

「大学に行ってもう一度、五輪を目指すか、プロに行くか」。

尚はもう決めていたのでしょう。間髪いれずに、

「プロに行くよ」。

と答えました。表情を見ても決意は堅そうです。揺らぐことはなさそうでした。

自分は尚にこう続けました。

「プロでやっていく以上、世界チャンピオンを目指す覚悟はあるか」。

尚は大きく頷きました。

この返答に対して、長女の晴香は「尚がプロか。また応援するからね」と弟を支えます。

末っ子の拓は中学に上がってすぐに、自分に向かって、

「高校に進学するのをやめてプロになる」。

と申し出てきました。一瞬、いいよ、と頷きそうになったのですが、結論を急がずに、尚に聞いてみたら、「拓は勉強が嫌なだけだよ」と真相がわかり、拓をリビングに呼びつけました。

「高校まではちゃんと卒業しないとダメよ」。

「読み書きができないと恥をかくよ。プロになってサインするときにファンの名前が漢字で書けないと恥ずかしいだろ」。

「二つの道があったら、困難な方を選べ」。

「父さんは今になって学生時代にもっとちゃんと勉強しておけば、と痛感している」。

家族総出の突っ込みが拓を襲います。拓は家族のダメ出しに敗れ、しょげかえっていま

す。

家族がリビングに集い、話し合うことで「子どもたちの今」がわかります。親としてどうアドバイスをするか、自分の失敗談を交えて語ることもあります。このリビングが井上家の生命線です。家族が集まりやすいように大型の液晶テレビも買いました。テレビを観ながら鍛えられるようにダンベルなどが周囲には置いてあります。「〜ながら」鍛えるのです。テレビを観ながらでも手首や握力を鍛えることはできます。本格的なトレーニングにはなりませんが、塵《ちり》も積もれば山となる、と言うように、ちょっとした筋トレくらいはいつでもできるような環境を整えています。

そのリビングにお越しになった方が、おやっ、と驚かれることが二つあるようです。ひとつは飾ってあると思っていたチャンピオンベルトやトロフィー、メダルなどがまったくないことです。もうひとつが、

「一ポイント差は紙一重。わずかな差が天国と地獄」。

「言われた課題をスパーで修正できなければやめさせる」

——そう記された張り紙が掲げられていることです。

これは、勝負は最後の最後まで気を抜かない、また、日々の練習をおろそかにしないで欲しい、練習を漠然とやらない、上を目指すために一歩一歩着実に上達して欲しい、など

の思いを伝えたいと思ったために書いたものです。ボクサーの強い弱いは突き詰めれば、ハートの問題に行きつきます。覚悟を決めた人間だけが上に行くことができるのです。腹を据えてやらなければ、技術も能力も発揮することはできません。勝負事は、その言葉通りに「勝ち負け」ですから、確固たる決意を持って臨まなければなりません。試合は当然のこととして、日々の練習でこそ、「その気持ちを常に持とうな！」ということを理解してもらいたいのです。いちばん目立つ場所はどこかと考え、リビングになりました。

ベルトやトロフィーを飾るのは引退してからになるでしょう。マスコミの方から、よく記録について尋ねられますが、現役でいる以上、記録はさほど気にしていません。記録のためにしているのではなく、結果として記録が後からついてきた、というのが実感です。同じようにベルトも気にならないものです。頑張ったな、という証《あかし》ではあると思います。ありがたいことであることは言うまでもありません。けれども、ベルトのために頑張ってきたわけではありません。頑張りは今日も明日も明後日も続くものです。ベルトやトロフィーを眺めて悦に入る暇はないのです。

本人の自覚なしには強くならない

尚は六歳からボクシングを始め、一〇歳のころにはプロをしのぐようなシャドーも見せました。新磯《あらいそ》高校（現・相模原青陵《さがみはらせいりょう》高校）一年で、インターハイ、国体、選抜の三冠を達成し、三年間で高校通算タイトルは五冠に輝きました。その他、三年時には、インドネシア大統領杯（プレジデントカップ）で金メダル、全日本アマチュア選手権も制し、高校生初のアマチュア七冠を達成しました。それまでは現在帝拳《ていけん》ジムに所属している粟生隆寛《あおうたかひろ》選手が習志野《ならしの》高校時代に達成したアマチュア高校六冠が記録でした。前人未到とも言われたこの記録を尚が塗り替えると、「史上最強の高校生」として早くから注目を浴びました。

プロ転向後も四戦で日本ライトフライ級タイトルを獲得し、次戦の五戦目でＯＰＢＦ東洋太平洋ライトフライ級も制しました。六戦で世界チャンピオン、その二戦後の八戦目で二階級王者となりました。そのために事あるごとに「天才」と書き立てられます。

「井上は別格だから」。

アマチュアの高校時代からよくそう評されるようになりました。出稽古で大学生相手にスパーリングに行っても、近い階級の選手は目を逸らし、二〇歳前後の選手には「やられるかもしれない」という雰囲気がありました。

尚は天才なのでしょうか。

答えは「否」です。謙遜や嫌味ではなく、尚は決して天才ではありません。センスのあるなし、とよく言いますが、まるでない、とは言いませんが、「普通よりやや上」といったところです。尚がそれなりに運動神経に恵まれていることは明らかでした。運動会のリレーの選手に選ばれたり、マラソン大会でも上位に食い込んでいました。球技もそれなりにうまいようで、友だちとサッカーをしていても活躍できたようです。とはいえ、二〇一五年夏の甲子園で活躍した早稲田実業《わせだじつぎょう》高校の清宮幸太郎《きよみやこうたろう》くんのような身体能力に恵まれたタイプではありませんでした。

つまり尚にはずば抜けた資質があったわけではないのです。積み重ねた努力によって今の尚があるのです。

尚が中学生のころから、それまではジムごとに非公式に行われていたキッズボクシングが「U-15」と名づけられ、後楽園ホールで全国大会が開催されるように体制が整えられつつありました。キッズボクシングの黎明《れいめい》期でした。昔も今もボクシングジムに通っているお子さんはいます。ただ練習の成果を披露できる機会に乏しかった。ライバルとなるような同世代の子どもたちとの交流も少なく、競い合うような関係にまで至ることはありませんでした。

当時、ボクシングは高校の部活動ではじめて全国的な大会が設置されていました。野球やサッカーのように中学での全国大会はありませんでしたし、ましてや小学生が参加できるような大会はありませんでした。プロの試合の前座のエキジビションとしてスパーリングを披露する程度で、各ジムで個別に研鑽《けんさん》するしかなかったのです。

それでも各ジムの大会や高校の試合に出場するようになると、野球やサッカーに比べて競技人口は少ないものの、「おや、この子、将来は」と思えるような逸材が数名いました。ツボに入ったときの攻撃力は大人にも通用するものがありました。他にも、それこそ身長、体格さえあれば今すぐにでもプロと打ち合えるくらいの潜在能力を持った少年たちが数名いました。

ただセンス溢れる選手にありがちなことですが、精神的に脆《もろ》いとも感じていました。壁に当たって挫折をすると、ボクシングから離れてしまうケースが少なくなかったようなのです。幼少期からジムで鍛えていた子が高校から始めた子に負けてしまうとプライドを傷つけられ、そのまま足が遠ざかるというケースも耳にしました。

尚はそうではありませんでした。

尚にも高校時代から、プロと打ち合えるようなスキルはありました。しかしそれは小一から積み上げてきたからです。高校入学からわずか四ヵ月でインターハイを制したので、アマチュアボクシング界には激震が走ったようです。でもそれも、尚が小一からやっていたからだったのです。ごく簡単に言えば、高校ではじめてボクシングを習った子は三年生でもせいぜい二年半程度のキャリアしかありません。一方、尚には一六歳で、身体は小さくともすでに約一〇年のキャリアがあったのですから。

野球やサッカーも同じだと思いますが、技術は競技に接していた年数に比例します。パンチ力には先天的な要素もあるでしょう。しかし、拳の一点に体重を集約し、そのパンチを最短距離で相手の急所にピンポイントで打ち抜くことができるようになるまでには、やはり時間を要します。とは言え、時間をかけて根気よく指導していれば、大概のことは身につきます。パンチ力も練習で身につきます。そのパンチを的確に相手の急所に当てるのは、日々の積み重ねがものを言います。この積み重ねのために必要なものは――本人のやる気、が第一です。

尚には素直さと愚直さがありました。いや、今でもあります。尚はボクシンに真摯《しんし》に向かい合っています。地道に練習を繰り返して積み重ねることができました。一度では覚えられなかったとしてもコツコツと地味な練習を反復することを厭《いと》わなかった、だからこそ今がある。自分が常に言い聞かせてきたことですが、おごらずに続けることができたからこそのことなのです。

天才とは何か。

ボクシングで一時代を築いたマイク・タイソンを例にあげましょう。彼は一二歳までに五一回も逮捕され、少年院に収監。少年院の更生プログラムとして行われたボクシングで頭角を現しました。この稀有《けう》な才能の持ち主はカス・ダマトという優れたトレーナーに出会い、厳しい訓練でその才能を開花させ、二〇歳でヘビー級の世界チャンプとなりました。しかし、その栄光は長く続きません。ダマトの死後、転落がはじまります。アルコールやドラッグ、女性に溺《おぼ》れ、自堕落《じだらく》に過ごし、ろくな練習もせずに試合のリングにあがる。それでも勝ってしまい、より自堕落に過ごし、挙げ句の果てにレイプ事件で収監されます。リングでの話題よりもリングの外での話題ばかりが報じられ、トラブルを抱えていく。そのトラブルから逃げるためにアルコールやドラッグにふける。その後のタイソンはといえば米連邦裁判所に自己破産を申請したり、器物破損容疑、コカイン使用で逮捕など悪いニュースばかり耳にしました。引退し、三度目の結婚をきっかけにようやく更生を誓ったと聞いています。

八〇年代後半までのタイソンは、世界中のどのボクサーも比肩しえないほど光輝いていました。全盛期にはタイソンが構えてにらんだだけで相手がすくみあがっていました。恐怖のあまり、空振りでも相手が腰を抜かしてダウンしてしまうほどの強さがありました。

しかしながら、二〇〇二年、世界王座統一の実績のあるレノックス・ルイスが正面から打ち勝つと、以後は畏怖されることも減り、二流の選手相手にもつまずく選手に成り果ててしまいました。生涯レコードは五八戦五〇勝（四四KO）六敗、無効試合二。「一流のチャンプ」といえなくもない、というレベルの戦績です。才能に溺れずに練習に励むことがあれば全勝全ノックアウト勝ちも夢ではありませんでした。「天から授かった才能をきちんと使えなかった」。悔しさが先に立ちます。相撲でいえば朝青龍《あさしょうりゅう》のように銀座のクラブで大酒をあおりながら、翌日の相撲では豪快な上手投げを決める、日本人はそういう選手に拍手喝采《はくしゅかっさい》をおくる面もあります。しかし、もったいない。もっと精進すれば、白鵬《はくほう》をしのぐ平成を代表する名横綱になれたのに、と自分は口惜しさを感じてしまいます。

尚はといえば、銀座とも六本木とも無縁です。せいぜい海老名《えびな》あるいは横浜くらいでしょう。覗いたことはありませんが、尚の携帯には「村田《むらた》諒太《りょうた》」「八重樫東」の名前はあってもグラビアアイドルやモデルの子の名前はないはずです。『FRIDAY』がどれだけ張り込んでも何も出てこないと思います。

試合二日後にロードワークを開始

「生活のなかに自然とボクシングが組み込まれている」

——大橋会長は尚のボクシングに対する姿勢に驚きを隠しません。ナルバエスとの試合は二〇一四年の一二月三〇日でした。その翌日の大晦日には東京ではワタナベボクシングジムの興行で、WBAスーパーフェザー級王者の内山高志《うちやまたかし》選手がメインを張り、尚と同階級で他団体王者の河野公平《こうのこうへい》選手のタイトルマッチもありました。

「河野さんの試合を観ておきたい」。尚からのリクエストがあり、大橋会長に連絡を入れました。大橋会長は電話越しにしばらく絶句し、「たしかにチケットはあるけど、試合翌日にボクシングを観に行くの？　ハワイとか温泉はいいの？」世界戦の翌日にボクシング観戦かと独りごちています。

二日後の元旦に約四キロメートルのロードワークを始めることを大橋会長に告げたときにも絶句されました。これは井上家恒例の行事で、毎年行っていたことが試合とたまたま重なったに過ぎなかったのですが。

一般的に、選手は試合後の時間をリフレッシュにあてます。世界戦ともなれば試合までの準備で精神的にも肉体的にも相当な負担がかかるものです。大橋会長は現役時代、試合後、二週間はボクシングから離れていたそうです。離れることで英気を養い、またリングでもうひと頑張り、となるようなのです。おそらく尚や拓以外のボクサーもそうすると思います。

ただ――、尚からすれば「試合のダメージもなかったし」「もっと強くなりたい」、そう思うので自然と走り、ライバルの試合も観に行くのです。誰かに命令されて練習しているわけではありません。理想とする選手像に近づくために二日後に走り出したに過ぎません。

努力をした選手がすべて世界チャンピオンになれるか、と聞かれたら、ノーなのかもしれません。プロモーター、マッチメークに恵まれないこともあるでしょう。巡り合わせで、どうしても勝てない怪物のようなチャンピオンがいる時代に生まれてしまうこともあるでしょう。それでもチャンピオンとなり、長く防衛できる選手とは、やはり「努力の人」であると思うのです。相手の実力と自分の実力を秤にかけ、入念なマッチメークによってベルトを巻ける場合もあるでしょう。けれども長く防衛することや、それこそナルバエスのように長年チャンピオンでいることは、ご飯を食べたり歯を磨いたりするように、生活の一部に地味な基礎を重視した練習やロードワークが組み込まれているような選手であるからこそできることなのです。

「ランニング、かったりーなっ」。

小雨が降っているので今日は休むか、そんな考えが頭をよぎるときもあるでしょう。でもそこで走れるか、休んでしまうか。サボることと走り抜くことを秤《はかり》にかけて、「強くなれるかどうかの分かれ道だ」と思い、キツいときにこそ走るのではないでしょうか。まして プロとなりました。プロボクサーとしての自覚があれば、そういうときにこそ走り抜くものです。走り続けたからといって試合に勝てる保証はありません。しかし、走り続けられないものに特別な何かが起きることは決してないのです。

ランニングに行くといってサボっていたこともあった

試合ともなれば眩《まばゆ》いスポットライトを浴び、多くの観客の前で華やかな時間を過ごすことになります。しかしその一方で、普段の練習は地味で苦しい同じことの繰り返しです。ロードワークはまさにその最たるもの。毎日、毎日、同じことの繰り返しです。

「走りにいく」。

小学生時代の尚と拓はそう言って、自分の見える範囲では軽快に走っていました。ところが自分がその後をそっとつけていくと、途中の公園で歩いています。公園の中でも走り続けないといけない約束だったのに。

「何やってるんだ。家に走って戻ってくるまでが練習だろ」。

と背後から声をかけます。尚も拓も、「うわぁぁあぁ」と慌てて走り出しました。二人を呼び止めて、説教です。ここでは容赦《ようしゃ》なく怒鳴ります。大きな声で叱ります。

「父さんがいなければサボるのか」。

「父さんはお前たちをもう信用できないぞ」。

二人ともなぜ自分がどやされるのか痛いほど分かっています。うつむいたまま言葉を探しています。その姿を見ても心を鬼にして叱ります。

それは、勝負の世界は厳しいからです。勝負師は相手が緩んでいると見るや即座にそこを突いてきます。桶狭間《おけはざま》の合戦で二万五〇〇〇の軍勢を率いていた今川義元《いまがわよしもと》が、わずか三〇〇〇の軍勢の織田信長《おだのぶなが》に討《う》たれたのはまさに気の緩みです。相手の八倍以上もの戦力を保持していたことで、圧倒的な軍勢にありがちな気の緩みを巧みに突かれ、まさかの敗北となったのです。信長からは緩みは油断、果ては勝機と見えたでしょう。油断がいちばんの敵なのです。ですから甘い顔は見せず、傷口に塩を塗るかのごとくに怒鳴ります。

「なんで走らない。頑張っている子とここで差がつくんだよ」。

手を上げたり、汚い言葉で罵《ののし》ることはしません。しかし、怒鳴ります。叱ります。そして突き放します。

「ボクシングやめろよ」。

この時点では子どもたちと距離を取ります。子どもたちは、なぜ叱られているのか分かってはいます。走るべきところで手を抜いていたので叱られたのですから。

そこをさらに「なぜ?」と突き詰めるために、自分は一歩下がるのです。代わりにかみさんが間に入ります。ボクシングはスタミナがものを言うスポーツであること。そのスタミナは毎日の積み重ねがあってこそ生まれることは自分も日々、伝えていますが、改めてそのことを思い返すようにかみさんが二人を促すのです。

「どうしたらいいのか、尚と拓の二人で考えてごらん」。

自分たち自身で改善するように仕向けるのです。子どもたちはかみさんと話し合い、子どもたち自身で考え、その後、自分の元にやってきます。

「母さんに言われたから来たのか」。

ここでも厳しく二人の気持ちを確認します。二人のボクシングへの思いを再確認できたら練習再開です。大切なことは子ども自身に考えさせることです。リングの上で戦うのは子どもたちです。自分がすべて手取り足取り教えてしまうと、自分の頭で考えて戦えなくなってしまいます。ですから、叱りつけるときが、じつはいちばんむずかしいのです。雷を落としたら、あえて距離をとる。間にかみさんが入りながら、その間に子どもたち自身が自分たちの頭で改善していきます。

言葉、そしてその伝達の仕方がとても重要なのです。

なぜ私が怒るのか、自分たちの気の緩みがまねいたことで叱られている、ということを十二分に分からせます。なぜ自分たちが激しく叱られるのか、以後、それを避けるにはどうすればいいのか、を子どもたち自身に考えさせるのです。

「誰のためにボクシングをしているの？　父さんのため？」

やがて本人たちも気がついたと思いますが、強くなるために最もしてはならないことは――おごってはいけない、ということです。

俺は強いから走らなくても大丈夫、つぎの相手は弱いから走らなくても大丈夫、とおごりたかぶる。その瞬間に成長はとまります。褒めて育てるのは小さいときに限ります。小学生の高学年以降は気の抜けた練習をしていればしっかりと怒りました。ロードワークもタラタラ走るぐらいなら、走らないほうがいいでしょう。そうすると、地味でつまらない練習をおろそかにしないものが最後は笑うのだ、とある時期に気がつくものです。退屈で単調なことを毎日繰り返したことが、ここぞ、というときの下支えになり、また思わぬ力を発揮することにもつながるのです。

どうしても走りたくないときはこう考えてはどうでしょう。

現役でボクシングを仕事としてできる時期は一生でそう長くはありません。長くとも二〇年でしょう。実際はその三分の二あるいは半分にも満たない時間でしょう。何かにのめり込んでいられる時期は意外と短いものなのです。歳をとったときに、あのときこうしていたら、もっとああしておけば、と後悔するくらいなら、自分に嘘をつかずに、言い訳をせずに一心にやってみることです。

「自分に嘘をつかない」

——勝負は他人とではなく自分自身とするものです。「このあたりでいいや。もう歩こう」というのを「あのポストまで走ろう。走ったら、今度はあの電柱まで」と、どれだけ引き延ばすことができるのか。その境目は、自分自身が心から強くなりたい、と思えるかどうかです。どんなに優秀な指導者でも、やる気のない選手を強くすることはできません。逆に言えば「強くなるためにはどうしたらいいのだろう?」と自分で考えられる選手には、指導者はいらないということです。今の尚と拓は限界を超えてもやろうとするので、「今日はもうストップ。休むのも練習ね」と声をかけるだけで済んでしまいます。プロボクサーとしての自覚のある今では、オーバーワークを見極めるのも自分の仕事になりつつあります。

自宅のバルコニーからぶら下がる荒縄

参考になるか分かりませんが、尚と拓の一日の練習を記そうと思います。もちろん日によって異なりますが、だいたいこんな練習です、という目安にはなるかと思います。

朝の練習は九時からスタートします。一〇キロメートル弱くらいのコースを走ります。我が家のある座間市は三段構造の台地で構成された高低差の多い地形になっています。そのためいたるところに坂道があり、日常の生活は大変ですが、ロードワークには適した地形です。さらに橋の端から端までダッシュをしたり、階段を駆け上がったりと、長いロードワークのなかに瞬発力を養う練習も織り込みます。

一緒になって走っていたのは中学生までです。今は一緒に走ると二人の練習にならなくなってしまうからです。尚が世界チャンピオン、拓はOPBF東洋太平洋王者、世界ランカーです。自分は毎晩の晩酌のためにいい汗をかいているただのスポーツ好きなオヤジですから、ついて行けるわけがありません。ダッシュを主体とした走り込みのときには自転車でついて行って後ろから煽《あお》ることもありますが、もう一緒に走ることはできません。

尚と拓には「やらされている感」を持つのではなくて、トレーナーがいなくても「もっと強くなるにはどうしたらいいのか」を試行錯誤して、自分でやるようになってほしいと思っていました。でも今はもう「自分たちのためになることは何か」ということは十分理解していると思います。二人とも自覚があるので、お寺の階段を見つけては駆け上がる、川沿いの道を走るときも土手を上がったり下がったりといろいろ強度をあげて走っています。茅ヶ崎《ちさき》の砂浜に走りに行くなど場所を変える以外では、自分の付き添いはほぼなくなりました。

尚は後ろを振り返ることもせずに前を向いて走り続けます。拓はその尚の背中を見て走ります。追い抜こうとすると気配を察知した尚がギアをあげて引き離します。拓はそれでも食らいついていき、二人は汗だくになって自宅に戻ってきます。

自宅に戻ると、自宅前の借家でトレーニングを続けます。外には足場に使うパイプを設置して作った特製バーがあります。そこで懸垂《けんすい》を行います。この借家の中にはエアロバイクやルームランナーを置いています。暖房を焚《た》いて減量ルームとして使用することもあります。

自宅でも簡単なトレーニングはできます。かみさんのお父さんが工場で働いているので、自宅を建てる前に天井に鉄骨を入れてもらいました。その鉄骨からはサンドバッグが吊るせるようになっています。これはもともと自分が練習するためにつけてもらったものでした。納期が迫れば残業続きとなり、ボクシングジムには通えなくなります。時間が遅くとも練習をしたいな、と思っていたときに「では自宅で練習できるようにすればいいのでは」と思い至り、家を建てる前にかみさんのお父さんに相談したのです。その後、自分で改造しています。ホームセンターで階段用の手すりを買って作った特製の腹筋バーもあります。家族が並んでできるように、と長めに作りました。

懸垂は一〇～一三回、腕立て伏せを二〇～三〇回を各三セット行います。ここでは間《ま》を空けません。終わって肩で息をしているうちに「はい、つぎ行くぞ」とすぐに声をかけて懸垂や腕立て伏せを行います。吉田沙保里《よしださおり》選手、伊調千春《いちょうちはる》選手、登坂絵莉《とうさかえり》選手を育てあげた女子レスリング界の名伯楽・栄和人《さかえかずひと》監督も至学館《しがくかん》大学（旧・中京女子大学）で似たような練習をしていると聞いています。

ボクシング界ではあまり見かけませんが、自宅二階のバルコニーに荒縄があります。荒縄を自分の股で挟み込まずに、両手の引く力で上がっていかせます。握力、二の腕の裏側、背中、腹筋と全身がまんべんなく鍛え上げられます。自分がアマチュア時代に通っていた協栄町田ジムには天井から荒縄がぶら下がっていました。自分は登りながら「これ全身が鍛えられていいな」と思い、自宅に設置しました。

後で気づいたのですが、出稽古のスパーリングなどでよそのジムや大学のボクシング部などに行きましたが、天井から縄がぶら下がっていたのは拓殖《たくしょく》大学だけで、他にはありませんでした。主流な練習法ではないのだろうけれど、自分が実際に試してよかったので、気にせずに取り入れています。「シンゴ・スペシャル」として荒縄も、二人が登りにくいように直径を少し太いものにしています。その分、握力をはじめさまざまな筋力が強くなります。

自分がまずやってみせる

もしお子さんたちをボクサーにしようと考えているお父さんがこの本を読んでいらっしゃるとすれば、大切なのは自分がやってみせることです。自分は何もしないで、「ハイ、やれ」では示しがつきません。自分が率先してやることで、その背中を見せることで、子どもたちも付いてきます。足の裏の皮がむけても立ち止まらずに歯を食いしばって走り抜く。手の皮がむけても軒下《のきした》まで高速で荒縄を登り切ることです。

当然のことながら、子どもが一年成長すると、その反対に自分の肉体は一年老いていきます。しかし衰えを感じても、その素振りは一切見せずに、手の皮がむけても軒下まで自分が登り切り、子どもたちに向かって手を振ります。

「父さん、スゲ～」。

と二人が真似をして登ります。「ははっ、頑張れよ」と爽やかに言いながらも胸の内は手の皮がむけた痛みでいっぱいです。このやせ我慢は二人が高校生になるまで続けました。

「自らやってみせるという意志」

――それに勝るものはありません。口で言うだけなら誰にでもできます。

朝の練習は、これでおしまいではありません。この後はスポーツジムへ行きます。マシンを順番に使い、フィジカルを鍛えます。「夏のビーチで視線を独り占めするおしゃれな肉体」を作ることが目的ではないので、無理に筋肉は大きくせず、実利的な筋トレを行います。

筋肉の総量が多ければ、その分、基礎代謝量も大きくなります。基礎代謝が高ければ高いほど寝ているだけでも筋肉は勝手にカロリーを消費してくれます。身体を作ればより減量も楽になるのです。この簡単な理屈さえ知らずに、「ボクサーはサンドバッグを叩いて鍛えればいい」という前近代的な理論はまだ耳にします。筋トレによって瞬発力や筋持久力も上がることで、より戦える身体へと進化もします。言い添えるまでもないですが、パッキャオやフロイド・メイウェザー、ドネアなどのスター選手にはフィジカル専門のトレーナーがいます。内山高志選手や八重樫東選手、河野公平選手にもフィジカルを担当している専門のトレーナーがいます。

腹筋も、相手のボディ打ちに備えるために腹斜筋《ふくしやきん》など細かい箇所を鍛えます。筋トレの合間にはシャドーボクシングを入れます。ワンツーを素早く何度もその場で繰り返します。筋肉をほぐす意味もありますし、肥大化させるのではなく、筋肉にもスピードを意識させ、「ボクサーの身体を作るからね」と教え込むのです。この後、プールで軽く泳いでクールダウンをしたりもします。サウナに入って疲れを抜いたりも含めてスポーツジムでの練習は一時間半~二時間ぐらいです。

「愛情ブレーキ」

「シンゴ式スペシャルトレーニング」はまだあります。これをはじめてご覧になった方はたいがい驚かれます。

自家用車を押すトレーニングです。エスティマというワンボックス型の車のエンジンを切り、ギアをニュートラルの状態にします。なだらかな坂の下でエスティマをその状態で停車させます。そこから坂の上まで押し続けます。この練習をしてからというもの、尚も拓も下半身、特に太ももの筋肉が発達しました。ももの裏側のハムストリングといわれる箇所にはボクサーというよりも短距離ランナーのように筋肉がついています。

この車押しの練習も自分なりの発想からでした。

プロに転向すると、いくつかの違いが出てきます。プロの試合ではクリンチの状態で相手ともみ合う機会が増えます。アマチュアではクリンチの状態になるとすぐにレフェリーに離されます。けれどもプロではある程度もみ合います。この間に、相手は体力を削りとるような真似もしてきます。スピードは尚のボクシングの基層ですが、体力を奪われるとスピードの維持がむずかしくなります。

これへの対策あるいは練習方法は何かないかな、と考えていました。当初は相撲やレスリングのようにお互いに押し合っていました。ですが、自分も体重が六〇キログラムほどで、相手が人間だとどうしてもブレます。ブレない物体と押し合ったほうがより効果的だな、と考えていたところ、自動車に思い至りました。

いきなり自動車は厳しいだろうと考えて自転車に自分が乗ってそれを後ろから尚や拓が押すという練習から始めました。荷台に荷物を置いたりもしましたが、尚も拓も自転車は軽々と押せるようになってしまったので、つぎは軽自動車にしました。軽自動車もできるようになったので、そのつぎはエスティマです。車両総重量は二〇〇〇キログラムほどです。

「えっ、二トンの自動車を押すの?」

そう感じるかもしれませんが、ニュートラルの状態であればできるものです。力に自信のある成人男性ならばできるようになります。プロレスファンの方はご存知かと思いますが、怪力自慢の外国人プロレスラーが初来日する際、バスやトラックを鎖で引っ張るようなパフォーマンスをよくしています。尚の体重でワンボックスの自動車を押せるのですから、一〇〇キログラムを超す外国人レスラーならば、見た目ほど大変なことではありません。

テールランプの後ろ側に立つ尚が力を込めます。両腕、ふくらはぎの筋肉が隆起します。尚が真っ赤な顔をするとじょじょに自動車は前に進みます。

最初こそ厳しいですが、押していると慣性の法則がきいてくるのでだんだんと楽になってきます。バックミラー越しに二人を見て、表情が和らいできたら心を鬼にしてブレーキを踏み込みます。自分はこれを「愛情ブレーキ」と呼んでいます。愛情があればこそ、二人をより強くするためにブレーキを踏むのです。ブレーキを踏むと車が止まるので、子どもたちはまた汗だくになって押し上げます。いつしかテールランプの色と尚や拓の顔色の見分けがつかなくなるくらい真っ赤になります。

笑い話ですが、いつものように坂道で尚が自動車を押していたら、通りかかった方が、「故障ですか」といって後ろから押してくれたことがありました。

「ありがとうございます。でもトレーニングなんで。すみません」。

丁重にお断りしたら、相手は苦笑いで去って行きました。

この後、食事です。練習の後は食事をとって、休みます。食事、休息をおろそかにすると練習の意味合いも薄まってしまいます。「鳥のささみや茹でた卵の白味のみ」などという食事はしません。かみさんが作ったものが中心です。ごく普通の家庭料理です。納豆やひじき、きんぴらなど柔らかくて滋養に富んだ食べ物はよくとります。練習で疲れた身体にはうってつけの食べ物です。かみさんがいなければ自分が作ることもあります。そうはいっても大層なものは作れません。ただ子どもたちからも好評なのが、

「特製シンゴ蕎麦」。

市販の蕎麦つゆに豚肉やネギ、玉ネギ、キノコ、ナス、と、まあ冷蔵庫にあるような野菜を入れて一緒に煮込むのです。それにつけて冷たい蕎麦を食べます。「特製」と銘打っているわけですから工夫があります。野菜の中にトマトを入れます。鍋一杯ならトマトは二つ使います。このトマトの酸味が特徴です。トマトには体内の脂肪を減少させる働きがあるそうです。夏なら大根おろしを入れます。半分くらい食べた後に大根おろしを入れると味が変わるので二回楽しめます。減量にも美容にもいいのでぜひ試してみて下さい。

食事はそう皆さんと変わりません。近所の蕎麦屋で出前をたのむときもあります。試合が遠ければ、マクドナルドやケンタッキーで買ってきたりもします。頻度は月に一〜二回程度で、少ないのかもしれませんが、「ケンタッキーはチキンが国産になったら小さくなった」「外国産の方が皮が剝がしやすい」などと言いながら和気あいあいと食べています。

特に決めているわけではないのですが、尚や拓は朝食を食べません。栄養士さんから「食べたほうがいい」と奨められていますが、空腹のほうが動きやすいようです。無理に

食べさせずに尚や拓の判断に任せています。朝食をとるとらないは意見が分かれるようです。「食べない」という説を支持するものもあります。人の身体は消化吸収、排泄《はいせつ》するのに一八時間かかるそうです。一日に一度、この一八時間を作って内臓を休ませる、その方が体調は良くなる、という説です。真偽のほどはわかりませんが、食べたくなければ無理に食べさせる必要はないと思います。

昼食後は休憩にあてます。二人の表情を見て、疲れが溜まっているようなら「寝ろ」と言います。眠らなくてもゴロゴロさせます。激しく活動した分、身体を休ませるのもボクサーとしての仕事です。仮眠を五分、一〇分とるだけでも疲れは格段に抜けます。夕方からのジムワークも厳しいので、ここで身体を休めて、心身ともにリフレッシュすることが何よりも大事です。

この朝の練習と夕方のジムワークの間は子どもたちの自由な時間でもあります。昼ごはんをうちで食べずにスポーツジムの帰りに兄弟でどこかに食べに行ったりもします。尚はもう成人なので私生活には干渉しません。自由に過ごせばいいと考えています。

しかし、一方で自分としては気持ちを緩めて欲しくはありません。たとえば昨日、スパーリングでもらってしまったパンチについて、なぜもらったのかを検証する。そしてもらわないためにはどうしたらいいのか、と対策を練るための時間として活用してもらえればと思っています。身体を休めつつ、さらに考える時間としても休みの時間を活用してもらえたら、ということです。

ジムワーク

夕方のジムワークは、一日の中で午前のロードワークと並んでいちばん重要な時間です。大橋ジムに自分の車で向かいます。ジムでやることは基本的には決まっています。シャドーボクシングを三〜五ラウンド。つぎにサンドバッグあるいは、ミット打ちを三〜五ラウンドやります。サンドバッグは、強く打ち込むものを三ラウンド、リズム重視のコンビネーションを五ラウンド、というようにメリハリをつけます。

バッグ打ちなどのラウンド数は前後します。そのときのコンディションによって増減するからです。ただここでは、一〇の力なのに一〇で打っていたら叱ります。一二の力を出すように大きな声で叱咤《しった》します。バッグ打ちは限界を超えるまで行います。三分の間に無酸素運動を何度も繰り返します。

「もっと強く。正確に打ち抜いて」。

「スピード意識して」。

苦しいときこそ自分で自分に限界をつくりがちになるので、そのタイミングであえて声をかけます。「もう限界だ」と感じつつも放つ、その一発一発が選手の肉体と精神を強くするのです。ありがちな言葉で言えば「自分に負けない」ということです。ボクシングという競技はとどのつまり、この一言に集約されると思います。であるからこそ、サンドバッグを打ち続けて、「苦しい。休みたい」と心が折れそうなときに叱咤するのです。

「今、その一発が分かれ目だぞ」。

打ち抜く

このバッグ打ちのときも、ただ頑張るだけではありません。バッグ打ちでもミット打ちでも「打ち抜く」ことを小さいときから意識させています。

「パンチを打ち抜く」

——野球に例えるなら「フルスイングをしろ」でしょうか。ピッチャーに「どんなバッターが怖いか？」と尋ねたら、振り切るバッター、と答えるはずです。ボールを見極めてボール球に手を出さないバッターは、やりづらい、と感じても怖さはないはずです。フルスイングしてくるホームランバッターが打席に立てば、「一発が怖いな」と相手投手は感じます。試合がもつれたとき、体力、気力が落ちたときにこそ、それが重圧となってピッチャーを追い詰めるのです。

ボクシングでも対戦相手からすればパンチを振り切る選手は恐ろしいものです。手打ちのパンチなら、素早くとも、「何発かもらっても大丈夫だな」と我慢することができます。ですが、フルスイングされると「これを急所にもらったら倒されるかもな」と恐怖が脳裏に刻まれます。感覚的な表現になりますが、ハードパンチャーの拳は急所にもらわなくとも身体の芯に響いてきます。身体の奥底に疲労が溜まり、だんだんとイメージ通りには身体が動かなくなってきます。ハードパンチャーで、なおかつ振り切ってくる選手は、相手からすれば心底恐ろしいと感じられます。

この「打ち抜く」は、簡単なようでいて、じつはむずかしい技術です。パンチを打っても体が流れない強い体幹が必要です。身体の軸がしっかりしていることで、打ち抜くことができるのです。つぎにつなげるパンチも軸がブレないことで素早く放つことができます。シャドーで、コンビネーションを打っているときも「いま、軸がブレたよ」と注意喚起を繰り返します。種類の違うパンチを何発か打てば重心が小刻みに変わるので軸はブレてしまいがちになります。これを最小限に防ぐためにも、意識することは大切です。

ディフェンスを意識し過ぎると打ち抜くことはできません。アマチュアではルール改定が頻繁に起こりますが、タッチするようなパンチも腰の入ったパンチも同じ一ポイントです。このルールで戦うなら素早く打って、素早く引く「手打ち」でもかまいません。しかしアマチュア時代から井上家では一貫してそれをさせずに強いパンチを打ち抜く練習をさせました。

目先の勝利ではなく、アマチュア時代から倒すイメージでボクシングをしていました。強いボクサーになるためには、相手にダメージを与える打ち抜いたパンチの方がいいからです。アマチュアのための練習、プロのための練習と分ける必要はありません。ラウンド数もプロの最長は一二ラウンドですが、アマチュアは三ラウンドです。サンドバッグやミット打ちもプロだから、アマチュアだからと意識せずに当時から五〜八ラウンドはしていました。スパーリングも昔から四〜六ラウンドはしています。大学に出稽古をお願いするときにも二人用意してもらっていました。目の前のインターハイや国体での勝利にこだわるだけであれば、タッチボクシングでもかまわないでしょう。けれども「強いボクサー」になるためには、打ち抜く技術を確実に習得しなければなりません。

イメージすること

つぎに、イメージすることが大切です。少し触れましたが、シャドーをするときにも漫然と拳を出すのではなく、相手をきっちりとイメージしたほうが練習になります。例えば、長身のサウスポーの選手であればどうなるか、と考えながらやるのです。サウスポーは構えから左右が異なるので、右構えの選手に比べて頭の位置が遠くなります。さらにこの想定の場合には相手は長身ですから、さらに頭は遠くなる。その選手相手にジャブを当てるにはどういう踏み込みが必要か。ステップでサイドから侵入するにはどの角度が適切か、肩の折り返しはどれぐらい必要なのか、頭でイメージします。これをぼんやりとやるのか、克明に意識してやるのかでは雲泥《うんでい》の差になります。大切なことは漫然とではなく、意識することです。

スパーリングが控えているときは、シャドーで切り上げて、スパーに備えます。スパーリングはヘッドギアや一四オンスの重たくて大きいグローブなどをつけてはいますが、実際に殴り合う、試合を最も想定した練習です。強くなるためには実戦形式に近いスパーリングを積み上げていくのがいちばんです。自分はスパーリングがいちばん大切な練習だと感じています。先ほど述べたようにシャドーやミット打ちも重要な練習です。それでもシャドーがどんなに華麗でも、ミット打ちで迫力のある連打ができても、実際にそのパンチを相手に当てられなければ意味をなしません。きれいなシャドーができても実践で役立たなければ意味がないのです。だからスパーがいちばん重要なのです。

当然のことではありますが、スパーには相手がいます。自分のイメージ通りに動いてくれればいいですがそうはなりません。十人十色という言葉が示すようにスパーリングでも相手の動きは千差万別です。さまざまなタイプの選手とスパーをすることで、さまざまな動きがあることを理解することができるようになります。ミットやサンドバッグを打っているだけでは、強くなるには限界があります。実践に最も近いスパーリングで、避ける、外す、逆に向かってくる相手にいかにパンチを打ち抜くことができるか、その練習をするのです。むろん、ただ「勝った」「負けた」でやるのは無意味です。相手をボコボコにして「よし勝った」と思うだけのスパーなら、むしろやらない方がいいでしょう。

本章の冒頭で記したように自宅リビングには、

「言われた課題をスパーで修正できなければやめさせる」。

と掲げています。例えば、毎日ロードワークをきちんとこなしてスタミナに自信のある選手がいたとします。けれどもその選手はスパーとなると二ラウンドも息が続かない。それはなぜか、といえば、スパーで無駄な力を使っていたり、ペース配分がデタラメだからです。尚も一〇代のころはムキになると大振りに振り回す悪い癖がありました。無駄な力がたくさん入った無駄なパンチを打っていると、当然すぐに疲れてしまう。ボクシングを学ぶ上で、ペース配分や脱力をすることは絶対に必要なことです。それら自分の悪いところを学べるのもスパーリング。課題を持ってスパーをすることは何度も何度も言っています。

常に「勝つ」

「すべてのスパーリングを勝つつもりでやれ」

――自分はそう指示を出しています。常時戦場である、という意識です。先に桶狭間の合戦の話を出しましたが、優勢な方は緩みがちです。口では「気を抜きません」と言いながら、「あんな奴には負けねーよ」と相手をナメてしまうのです。そうすると格好つけた勝ち方をしようという色気を出しかねません。一方、劣勢の側は絶えず緊張感を持っています。隙あらば噛み付いてやれと狙っているのです。

この弊害を避けるために、尚はスパーも強い相手とやってきました。中学生のときには高校生と、高校生のときには大学生や社会人と、プロデビュー前は日本や世界ランカーと、と、常に自分よりも格上の選手と手合わせをしてきました。格上の強い選手とやりましたが、パンチらしいパンチをもらうことはありませんでした。しかしやはり思うように動かせてはもらえません。そしてそこが重要です。どうして自分はパンチを打てなかったのか。では打てるようにするにはどうすればいいのか、そう自分で考えるようになるからです。「頭を振ろう」や「フェイントをもっと入れてみよう」と自分なりに考えることで、対策が見えてきます。また対策を練ることは、ひいては自分の欠点を把握することにもつながります。

　同級生や下級生とやっても決して下に見ることはないでしょうが、緩みを持たせないためにあえて格上ばかりとスパーリングをさせました。今現在は世界王者ですので、格下の選手とも行います。日本ランキングに入って間もない選手やアマチュアの選手とも行います。自分よりも技量の低い相手とのスパーで重要なことは、テーマを設定することです。「今日はステップで相手の死角に入ろう」「今日はボディワークを中心に」とテーマが加味されるのです。世界チャンピオン相手ですから格下の選手も本気で打ち込んできます。その攻撃をさばきながら自分のテーマを実施することで意味のあるスパーになるのです。格下の選手をボコボコにして「俺は強い」と満足しても意味はありません。

　またさまざまなスタイルの選手とスパーリングを経験しておくことで、実際の試合に備えることもできます。右構えの日本人選手だったら、ワンツーの後にはだいたい左フックが飛んできます。アマチュア歴が長ければ徹底して基礎を学ぶので教科書通りの攻撃を仕掛けてきます。ところが海外の選手には型にはまらない選手が多い。ワンツーの後に何が飛んでくるのかわかりません。アッパーかもしれません。そのアッパーが、角度を変えた二連打になるかもしれません。日本人は脇を締めてコンパクトに打ってきますが、海外では脇が開いたままで打ってくる選手もいます。日本では細やかな指導をしますが、海外では型を押し付けずに本人がいちばんいいと思うフォーム、いちばん力が入ると思う打ち方でやらせる傾向が強いと思います。ですから選手が百人いれば百通りのボクシングがあるわけです。

これへの対策は、もう数をこなすしかありません。「拳を返さずに縦のまま打つタイプもいるのか」「脇を締めないで打ってくるのか」と身体で覚えるのです。反対に自分のボクシングがどの相手にも通用するのか、苦手な相手はどんなタイプかも、スパーリングをこなすことで見えてきます。格上かつ多様なタイプとスパーリングすることで、自分の欠点、当たるパンチがわかるのです。スパーを通じていろいろと知恵を絞ることこそが、強さの基層になるのです。

また、どんな相手にも全力で向かってみることで自分の良さも欠点も見えてきます。相手が格下なら今日の自分のテーマも加えることで真剣味が増します。その上でかつ、「すべてのスパーリングを勝つつもりでやれ」

――とすることで一段上に登ることにつながります。課題やテーマを実施しながら、それでも勝つ。課題があっても、勝つということは捨ててはいけません。一つ上のステージを目指すなら、課題をこなしつつ勝つことが大切です。

尚のボクシングは自分が理想とする、「打たせずに打つ」攻防一体を目指しています。

ステップイン、ステップバックの出入りの速さをパンチと連動させたスタイルです。その中でじょじょに強打を当て、相手に重圧をかけて連打へとつなげていきます。

松本トレーナーが尚のボクシングをこう評してくれました。

「相手からすると、初動がとても速い。その速度に驚いていると、間を空けずにパンチが飛んでくる。しかもそのパンチが強いので、スピードとパワーの二つの要素に圧倒され、ペースを握ることができなくなる。アマチュアでは三ラウンドしかないために、いったんペースを握れば優位に試合を運べ、勝つ確率も非常に高まります」。

尚のスタイルは短いラウンドであればあるほど優位となります。相手がプロであっても短いラウンドならば崩されにくいだろうと考えていました。それを確認するために、中学三年のとき、日本のトッププロにもスパーリングのお願いをしました。プロボクサー、しかも日本人のトップクラスの選手に通じるのか？　自分にとっても尚にとっても、理想とするスタイルをこのままのスタイルで進めていいのか、を見極める試金石ともいえるスパーリングでした。

中三で当時、日本王者の八重樫東と練習

白井《しらい》・具志堅《ぐしけん》スポーツジムの金田《かねだ》淳一朗《じゅんいちろう》選手や大橋ジムの先輩となる八重樫東選手に

手合わせを頼んだのです。当時、尚は中三です。尚は本気で打ちに行きますが、すでにプロで活躍している二人にはマスボクシングといって、拳が当たりそうなときにはインパクトの瞬間に力を抜くことでダメージを受けないようにしてもらいました。一方、尚の方には日本のトップがどういうものかを身体で知るために、全力で打ちに行かせました。

金田選手は、豊富なスタミナと手数を武器にするファイタータイプです。その後、日本王座、OPBF東洋太平洋王座にあと一歩と迫りながら戴冠はかないませんでしたが、当時のミニマム級のトップクラスの一人でした。金田選手には最も重い一六オンスのグローブをつけてもらい、尚は一四オンスのやや軽めのグローブで戦いました。

「まずは相手のパンチをよく見て」。

尚にそう指示を出しました。グローブのハンデもあったと思いますが、自分が驚くほど善戦しました。つぎつぎに放たれる拳の雨を的確にブロックし、打ち終わりを尚が狙います。金田選手が同様の一四オンスだったとしても互角以上の勝負を展開していたと思います。実際にその日以降は一四オンスのグローブでスパーをするようになりました。金田選手は驚きの表情を浮かべました。

「噂では聞いていましたが、本当に一五歳?」

白井具志堅ジムの中村隆先生は自分の師匠でもあります。若い時分に自分にみっちりと基礎を教えてくださった方です。中村先生の教えが自分たちのボクシングの基礎でもありました。尚のボクシングが金田選手にも十分に通じたことで、中村先生に恩返しができた気持ちでした。

つぎは後に大橋ジムの先輩となる八重樫選手との練習です。当時、八重樫選手は日本ミニマム級のチャンピオンでした。まさに日本の頂点です。

八重樫選手は大橋ジム入門前の拓殖大学のアマチュア時代から、出稽古で日本の軽量級のトッププロを打ちのめし、その名を知られていました。二〇〇六年当時の日本最速タイ記録となるプロ五戦目にOPBF東洋太平洋ミニマム級王者に輝きます。二〇〇七年六月、プロ七戦目でWBC世界ミニマム級王者イーグル京和《きょうわ》に挑むもこれは判定負けでした。世界初挑戦に失敗し、怪我で精彩を欠き、しばらく低迷しましたが、二〇一一年一〇月、ついにWBA世界ミニマム級王者に輝きます。そのベルトはWBA、WBC両団体の統一戦で井岡一翔《いおかかずと》選手に奪われましたが、二〇一三年四月にはWBC世界フライ級王者となり二階級制覇をなしとげた、大橋ジムの看板選手です。

尚とスパーリングをしてくれたのは、低迷期を脱し、「世界挑戦のためにもう一度やり直す」と八重樫選手自身も試行錯誤していた時期のことでした。金田選手と互角以上に打ち合えた実績もあったので、胸を借りるつもりでありつつ、隙があれば食ってやれ、という下心もありました。

ところが……。

ミズスマシのように流れるように動き、機関銃のように打ってくるコンビネーションに尚は慌てました。八重樫選手はフットワークもハンドスピードも軽量級でも群を抜いており、当時の尚ではついていけなかったのです。尚が放ったカウンターをバックステップでかわしたりと高い技術で翻弄したと思いきや、密着したらしたでインファイトもうまく、変幻自在な連打を浴びせてきます。ときにジャンプしながらアッパーを放つなど尚が、経験したことのない動きも見せます。

向こうはプロで大人ですから、インパクトの瞬間にナックルを最後まで握り込まずに抜いた形で打ってくれます。アマチュアのスタイルに合わせてもくれます。尚もラウンドを重ねると動きについていけるようになりましたが、終始後手に回っています。四ラウンドのスパー後、八重樫選手は「本当に中三? 末恐ろしい。将来のライバルの芽を摘むために二、三発、本気でど突こうと思ったわ」、そう褒めてくれました。でも尚にとってこの言葉はショックでした。通常であれば相手は日本チャンピオンで、尚は中三なのですから、むしろ手応えを感じるところなのかもしれません。もちろん、八重樫選手に悪意はなく、率直な感想を述べたことは理解しています。しかし逆に言うと「中三にしてはすごいね」という意味です。まったく歯が立たなかったわけではないですが、本気でやったら倒されていたことは明白です。築いてきたボクシングが通用しなかったのだから面白くない、と思う気持ちも理解できます。ですが、敗北は財産なのです。改善点を教えてくれます。今回で言えばスピード不足が露呈しました。八重樫選手を翻弄するスピードが中三の尚にはまだないことがわかったのです。尚の初速に驚かない選手もいる。それを理解できれば、後は練習あるのみです。

ヘッドギアをとった尚は悔しそうな表情を一瞬浮かべるも、ニカッと笑いました。

「良い目標ができた。高校生に上がったら冷や汗をかかせるくらいには強くなってやる」

「打倒、八重樫さん。来年は、高校生にしてはやるね、とは言わせねーよ」と顔に書いてありました。

アマチュアボクシングの「障壁」

尚のアマチュア時代の戦績は、八一戦七五勝（四八ＫＯ／ＲＳＣ）六敗。日本のトッププロとも手合わせしていたのに六つの負けがあります。

小声で言いますが、「今の負け？」と思えたジャッジがありました。ハンドボールの「中東の笛」のように、相手に有利なジャッジがなくはないのです。あくまでも小声で、自分の感想に過ぎませんが、アマチュアには学閥《がくばつ》で勝敗が決まることもある気がします。プロの世界でもホームタウンデシジョンといって開催国や地元選手に有利な判定が出ることはままあります。どんな世界にも「疑惑の判定」はあるのでしょう。

尚や拓はインターハイや国体に出場するときは所属こそ学校でしたが、実際は自分とのマンツーマンの練習です。学校の部活動としてやっている方々からすると「異種」な存在だったのだと思います。高校のボクシング部に所属し、インターハイに出るような選手や監督からすれば、コーチが「父親」では面白くないのでしょうか。しかも優勝をさらっていきます。尚のパンチをまともに食らった選手が担架《たんか》で運ばれたこともありました。試合会場でも異様な雰囲気は感じていました。

「敵地だと思え。僅差の判定勝ち程度では、判定負けのジャッジもあると思え。圧倒的に勝ちにいけ」。

試合前、自分はよくそう説いていました。尚の気持ちを引き締める意味合いとともに、試合中は一瞬たりとも気をぬくな、と戒める意味もありました。対策は簡単です。歴然とした力の差を見せつければいいのです。相手を倒してしまえば判定も関係ありません。

アマチュアの大会で結果を残すたびに有力な大学の監督やコーチから「高校卒業後は是非、我が校へ」とのありがたいお誘いもいくつか受けました。このときに、「今度スパーをお願いできますか」とアマチュアの有力者とのスパーの相手もお願いしてしまうのです。実際、尚も高校生の段階では「将来はプロ」と明確に決めていたわけではありませんでした。アマチュアの世界大会に出場するようになると「ロンドン五輪で金メダル」という夢が目標にもなりました。

日本ボクシング連盟の山根《やまね》明《あきら》会長は尚の夢を後押ししてくれました。ナショナルトレーニングセンター（現・味の素ナショナルトレーニングセンター）で行われる全日本の合宿は自衛隊体育学校の選手や大学生の選手が中心です。当時、高校生がそのメンバーに参加することはありませんでした。しかし山根会長は尚の実力を評価し、合宿に呼んでくれました。しかも山根会長は尚に向かって、「どのコーチがやりやすい？」と尋ね、「父さんです」と尚が答えたところ、自分もコーチとして参加できるように決断してくださったのです。おそらく反対意見もあったと思います。それでも山根会長のお陰でアマチュアのトップの選手たちと拳を交えられたことで、尚は一段と強くなりました。ロンドン五輪までたどり着くことはできませんでしたが、山根会長には大変感謝しています。

あくまでも自分の印象に過ぎませんが、尚には厳しめなジャッジもありましたが、「それはないだろう」という判定負けはありませんでした。しかしながら、拓には「それはちょっと待ってよ」と思える判定もありました。

高校三年生となった拓のインターハイの決勝戦でした。拓が高校三年のとき、尚はすでにプロで活躍していました。自分は拓の進路に関しては「五輪ともプロとも決めかねています」と言及を避けていました。ですが、周囲では「弟も兄を追ってプロの道へ行くにちがいない」とすでに囁《ささや》かれていたようです。高校を卒業したらプロに行く、という噂がまことしやかに流れての試合だったのです。

決勝ではどうみても一方的な展開でした。肉親ということを差し引いても、拓がフルラウンド攻め続け、対戦相手は圧力に屈していたのは明らかでした。ですが、結果はワンサイドの「判定負け」でした。勝っている試合を判定負けにされてしまった気がしてなりませんでした。「勝負に勝ったが、試合で負けた」ような気がします。

尚は高校生ながら全日本アマチュア選手権で大学生や社会人選手と伍《ご》してきましたが、アマチュア時代に完敗した、と思えた試合はほとんどありません。当時のアマチュアでは体の芯にくるような重たい一発も、触るだけのようなパンチも同じワンポイントでした。タッチボクシングに負けた、と言える敗戦はありました。試合後、対戦相手に深いダメージを与えていますが、判定上は「負け」である試合もありました。

苦い敗戦を糧に

それでも「尚の完敗だった」と思えた試合が一試合だけありました。試合でも勝負でも負けた、と思えた一戦です。

尚が高校二年のときです。国体を連覇し、全日本アマチュア選手権大会に乗り込みました。全日本アマチュア選手権はアマチュア最高峰の大会です。当時は大学生、自衛隊体育学校所属の選手など二〇歳を過ぎた選手が中心でした。その中に高校生の尚がいるのは異例のことで、勝ち進むたびに「井上尚弥」の名がボクシング界に広がっていきました。

とはいえ、高校二年生です。一七歳の選手相手に「負けたら屈辱」との雰囲気が会場にいても伝わりました。尚も敵地の雰囲気を感じていたようですが、「負けても失うことはなにもない。得ることしかないから思いっきりいけ」と背中を押すと、その勢いのまま決勝まで進んだのでした。

しかし決勝では林田太郎《はやしだたろう》選手に敗れました。七―一二の完敗です。林田選手は当時、駒《こま》澤《ざわ》大学のボクシング部の一年生でした。

ちなみに林田選手はこの全日本アマチュア選手権で当時、東京農業《とうきょうのうぎょう》大学ボクシング部一年の井岡一翔選手にも勝っています。後に世界王者となる井岡一翔選手、井上尚弥の二人に勝ったのは林田選手だけです。

この試合で尚はファーストコンタクトでワンツーからアッパーを放ちました。がっちりガードされましたが、尚の攻撃力に林田選手が驚いているのは明白でした。アマチュアの試合はわずか三ラウンドですから最初にペースを握るに限ります。それまでは強打を当ててペースを握り、そのまま尚の主導で試合は進められ終了していました。ところが林田選手は重心を下げたインファイトで左ボディを的確に当ててきたのです。尚のことも研究していました。高校入学からたった四ヵ月でインターハイを制したことで「いずれ戦う」と見越していたようです。尚は中間距離で戦うボクサーファイターですが、林田選手は近距離で戦うインファイターです。尚の距離にさせずに、くっついて左ボディを出してきます。焦った尚は重心が高いまま、大振りの雑な攻撃を繰り返します。雑な大振りでスタミナを浪費すると林田選手は中に入り、またボディを決めてきます。言い訳のできない完敗に尚はうなだれました。

「尚のことを研究されていた。でも自分も含め林田くんのことは研究してこなかった。この敗戦を認め、正面から受け入れ、いずれ戦う日のために準備をしよう」。

じつはこの全日本選手権の大会では日本《にほん》大学の柏崎刀翔《かしわさきとうしよう》選手が本命視されていました。林田選手は別ブロックで、柏崎選手は同じブロックでした。柏崎選手に勝ったことで「この大会はもらった」という慢心があったのです。優勝候補筆頭の柏崎選手に勝てたのだから林田選手に負けるはずはない、そうタカをくっていたのです。

林田選手がどんなことを言うのか、勝利者インタビューを聞いていました。

「狙い通り、中に入って自分の距離で戦うことができました」。

林田選手は早い段階から尚のことをライバルとみなし、この日のために備えていたことがわかりました。

「油断から足をすくわれた。尚に注意していることを自分ができていないじゃないか」。言い訳のできない敗北でした。自分自身に怒りがこみ上げてきます。どうやらその様子がNHKの教育テレビで流れていたようです。腕を組み、厳しい表情で林田選手のインタビューを見ていたのです。でも林田選手が憎かったわけではないことを言い添えておきます。

翌年の全日本アマチュア選手権の前に「打倒・林田太郎くん」として八重樫選手にスパーリングパートナーになってもらいました。体格やスタイルで重なるものが多かったからです。低い重心で左ボディを打つさまはまさに林田選手のようでした。前の敗戦を生かし、尚も重心を下げて八重樫選手と打ち合います。

自分も林田選手を研究しました。林田選手は初回は様子見であまり積極的に仕掛けてこない傾向があります。でもアマチュアはわずか三ラウンドですから、様子見をしているところにコンビネーションで襲いかかり、まずポイントをたぐりよせる。林田選手は「ポイントを取られた。ちょっとマズいかも」と精神的に動揺する。焦らせたまま、残りを優位に進める、という作戦です。インファイターに打ち負けないように尚も近距離での練習を増やしました。基本は中間距離のボクサーファイターですが、インファイトもできます。

「重心を落としてコンパクトに」。

スパーでは何度もそう指示しました。

翌二〇一一年一一月の全日本アマチュア選手権の決勝では、予想通り林田選手との再戦になりました。尚は初回から飛ばし、連打でポイントを稼ぎ、そのまま勝利しました。作戦通りでした。三年生となった尚が林田選手にリベンジを果たし、全日本選手権を制覇できたのです。

また尚は、日本で初めて高校生として世界選手権の代表に選ばれました。さらにはカザフスタンで開催されたアジア世界選手権で好成績を残せば、ロンドン五輪に出場できる可能性もありました。しかし、それは夢と散りました。五輪の夢が散ると、しばらくして家族会議を開きました。本章冒頭で記した通り、尚はプロ入りを決意していました。

ちなみに高校三年になった尚と八重樫選手がスパーリングをすると、

「もう褒める余裕はない。シャレにならない（強さだ）」。

とこぼしてくれたようです。尚は自身の成長を感じたことでしょう。

強い相手以外とは戦わない

井上家といえば、その代名詞、枕詞となっているのが、

「強い相手以外とは戦わない」

——ではないかと思います。たしかに大橋ジムに入門する前に会長にはそう言いました。

しかし、言葉が完全に一人歩きしている面も否めません。その後にちゃんと言葉があるのです。

「それは弱い相手と戦っても意味がないから」。

誰が見ても勝てるような選手と試合をするのは意味がないと思っています。といって、尚のレベルが「一〇」のときに「一〇〇」の力を持つスーパー王者に挑戦するのも無意味です。相手には「一〇」か「一一」のレベルが必要です。同じようなレベルの選手に競り勝った試合はボクシングの幅を広げます。対戦相手から学ぶこと、盗めること、いくつもの発見があるのです。ですから、尚がステップアップのできる相手とやりたいといつも思っています。「六」の選手にいくら勝って、いくらノックアウトの山を築いても、それで

は意味がありません。

「勝てる相手とばかり戦う」――それは選手にとって意味がないと断言できます。成長も望めず、真面目な選手ほど、やがて性根が腐ってしまいます。「あの程度の相手なら」と練習も軽くなり、ひいてはボクシングそのものをナメてしまうことにも繋がるのです。

最強の世界王者になるために

大橋会長は現役時代、激しく厳しいマッチメークをしていたことで知られています。世界チャンピオンになれたのは三度目の挑戦でのことでした。当時の世界記録、一五度の防衛をすることになる張正九《チャンジュンク》に二度挑戦して、跳ね返されています。一度目は敵地である韓国に乗り込み、四万人の観客に囲まれての試合でした。当時と今とでは反日感情も異なったはずです。同じ相手にまた敗れ、それでもあきらめなかったのです。大橋会長はビッグマッチが決まったときの心境をこう語っていました。

「強い相手とやると燃える。勝てるかどうかわからないが、こんちくしょう、やってやるぞ、という気持ちが湧いてくる」。

最強の挑戦者として、最強の王者に挑戦する。そして最強の王者として最強の挑戦者と防衛戦を争う。そういう姿勢を貫いたのです。

一九九〇年一〇月、その当時、「軽量級最強」と謳《うた》われたリカルド・ロペスを迎えた一戦はいまも瞼《まぶた》の裏に焼きついています。対戦する必要がないのに「周りが強い、強いというならやってやる」「ロペスと拳を交えてみたい」と自ら指命したのです。

ロペスは会長が持っていたWBC世界ストロー級のベルトを腰に巻くとその後、二二度も防衛します。九年間もチャンピオンとして君臨しました。ストロー級のリミットである四七・六一キログラムを九年間も守り続けた精神力は並大抵のことではありません。ロペスは五二戦して無敗のまま引退し「小さな巨人」と称される軽量級の伝説のボクサーとなりました。大橋会長にはロペス戦を含めて五つの敗北があります。その中でも張正九に敗れた二敗、ロペスに敗れた一敗、その三つの敗北は「ベルト以上の誇り」と話しています。大橋会長は「三つの誇り」をこう語りました。「負けることは恥じゃない。自分を成長させてくれる糧になる。負けた直後は悔しいけれど、また這い上がってやる。俺はこんなところで終わらない。あいつに借りを返すまで強くなってやる、という気持ちがフツフツと湧き上がってくる」

尚はまだ無敗ですが、自分も同じ気持ちです。無敗にこだわる必要はありません。ナルバエスとの一戦で確信したのですが、ビッグマッチが組まれると、選手のモチベーションは確実に上がります。その対戦相手を負かすために鏃《やじり》のようにキリキリと集中していく。

そのための厳しい練習に耐えてこそ、選手のレベルは飛躍的に上がるのです。

「井上尚弥は本物だ、と世間に思ってもらうためにストロングスタイルの路線でいきます。日本タイトル、東洋タイトルもちゃんと獲って、ライバルをねじ伏せて世界を狙わせます」。

大橋会長の申し出に異存はありませんでした。第四戦で日本ライトフライ級王座に挑戦し、第五戦でOPBF東洋太平洋同級王座に挑戦し、「もう井上には日本、アジアは狭い。世界へ行ってくれ」と世間を納得させた上での世界挑戦だったのです。

第六戦で世界王者になれたときにも、「尚は本物だ」と納得してもらえるように、ベルトを一つずつ獲ることときちんとやっていかないといけないという思いはありました。この、段階を経ていく育成方法は尚の成長も促し、また自信にもつながりました。

先の章でも少し触れましたが、尚は試合後に大きく表情を変えることはなくなりました。六戦目で世界王座を奪取したときは、Vの字に両腕を掲げ、泣きながらマットで飛び跳ねて喜びを爆発させていました。自分も泣きながら尚に抱きつきました。

「父さんとやってきたボクシングを証明したかった」。

会見中、そう聞いた瞬間にまた涙が湧き出てきました。二〇一四年前半は親子で号泣していたのです。

それからわずか二戦で、勝った直後には歓喜するものの、数分も経てば試合前と変わらない表情で冷静さを保っていられるようになりました。

どうして尚はいつもと変わらない表情でいられたのでしょうか。平常心でいられた理由は「過酷な減量がなかった」とか「一回チャンピオンになっているから」などいくつもあると思います。

尚と確認し合ったわけではないですが、こう思っていたはずです。

「父さんとやってきた練習を信じよう」。

「どこでやってもどこにいても自分は自分」。

そういう感覚でリングに上がっているのだと思います。

もちろん尚も緊張しているでしょう。試合の数日前までは、練習してきたことが発揮できずに負けたらどうしよう、と心の底では今でも思っているはずです。しかしながら、不安と自信に揺れながら練習を積み上げていくことで、不安を消していくのです。

繰り返しますが、尚は天才でもなんでもありません。アマチュアの大きな大会に入る前、こう励ましていました。

「大丈夫。父さんとやってきた練習を思いだせよ。負けねーよ」。

「尚、自分を信じないでどうする?」

「いつもと同じ、同じだよ」。

大きな舞台でも舞い上がらないのは、このことを思い返しているからに違いありません。

「ベルトがあってもなくても自分は自分」

――自宅のリビングにチャンピオンベルトを掲げないのも同じ理由からです。WBOの臙脂色のベルトは鞄《かばん》の中に入れて、プロテインなどと一緒に棚にしまっています。取材やイベントで持ち出すこともありますが、自宅では棚にしまい込んだままです。プライベートで記念写真を撮る、というようなこともありませんでした。尚にとってベルトは通過点に過ぎません。もちろん、ベルトを巻いたことは光栄ですし、尚の頑張りが評価された結晶であるとは思っているでしょう。けれども、胸が高鳴るような対戦したい相手が世界にはまだいるのです。

「ベルトを獲っても舞い上がらないように」。

「思い返すのは引退してから」。

でも、自分の懸念は杞憂《きゆう》に終わりました。尚の成長を喜ぶ反面、腕を組んで「勝って兜の緒を締めよ」と言わせてくれない寂しさもあります。

強敵相手に名勝負を重ね、偉大な王者へ

失礼を承知で言えば、ベルトの価値が今と昔では違うと思います。かつては世界タイトルマッチともなれば地上波で放映されることが当たり前でした。ですが、今の時代は世界タイトルですら地上波では流れません。かつてに比べて価値が下がったことは否めません。

大橋会長や松本トレーナーが現役の時代はWBA、WBCの二つの団体だけが認可を受けていました。国内のライバルを軒並み倒して、「もうライバルはいないから」とファンの後押しがあって世界へ挑戦したものです。その風潮も薄れ、現在はWBOとIBFが加わり四団体のチャンピオンの誰かに挑戦できるようになりました。階級も細分化され、四団体それぞれに一七階級もあります。

チャンスが広がったことは嬉しい反面、少なくとも同じ階級に四人も王者がいる状態です。WBAに至っては「正規王者」の上に「スーパー王者」がいてその他に「暫定《ざんてい》王者」もいます。乱立といってもいい状況です。「俺が最強」と四人以上で言っているわけですから、世間の人が「で、誰がいちばんなわけ?」と思うのはごく自然なことでしょう。

尚はいま現在、WBO世界スーパーフライ級王者です。二〇一五年一一月の段階では、他団体には、

WBA、河野公平王者
WBC、カルロス・クアドラス王者
IBF、マクジョー・アローヨ王者
以上の三名の王様がいます。

四つベルトがあるのです。まとめたいという気持ちは、自分も尚も持っています。「集めるぞ!」という気負ったものではありません。国内の世界タイトル最多防衛記録は一三です。これは白井・具志堅スポーツジムの具志堅用高《ようこう》会長の持つ不滅の金字塔です。この記録を塗り替えることも視線の先にあります。そしてその記録を狙う過程で、「統一戦」もすることになるでしょう。

強敵相手に名勝負を重ね、偉大な王者としてボクシング史上に語り継がれていくような選手になれれば、と思います。

アルゼンチンの英雄のナルバエスからベルトを奪い取りました。ですがまだ右手の怪我《けが》でまだ防衛戦もしていません。尚は世界王者と言ってもまだまだ道半ばなのです。

だからこそ——。

周囲の人に納得してもらうためにも、大橋会長やリカルド・ロペスのように才能に溺れることなく、常日頃から努力を怠らず、節制も苦にしないようなボクサーになってもらいたいと思うのです。そして時代が変わろうともこの姿勢を貫き通して欲しいです。

「最強の挑戦者として最強の王者から奪う。そして最強の王者として、最強の挑戦者を迎え打つ」。

自分が尚のことを心の底から「世界チャンピオン」と呼べる日は、まだ先のような気がします。

第３章　基礎が大事。近道はない

尚弥、高１でアジアユース銅メダル（2010年３月）

無理に押し付けない

井上家では、あれもダメ、これもダメ、という特別な禁止事項はありません。どこかのアイドルのように「恋愛禁止」事項もありません。もちろん、おつきあいしていて子どもたちがダメになるような相手か、背中を押してくれる相手であるか否かの判断はします。またコーラを一人でガブガブ飲んで、ポテトチップを一袋食べていたら、「飲み過ぎ食べ過ぎじゃねーの？」とたしなめはします。プロである以上、健康管理はさせますが、過度な締め付けはしません。現に子どもたちは試合が遠ければお菓子でもファストフードでも食べていますが、バシッと撥《は》ね付けるようなことは何もありません。

ボクシングは厳しい競技なので、長く続けるためには禁止事項をもうけないほうがいいのではないか、と考えています。ハンドルにも遊びがあるように、四六時中ボクシングのために生きていたら息が詰まります。串カツを衣をはいで食べても美味しくありません。夏場、喉が渇けば炭酸飲料が飲みたくなります。コップ一杯飲んだところで弱くなるわけでもありません。逆に一滴も飲まずに、その耐えたことで精神力を強くするという手法もあるでしょう。あることは否定しません。それで伸びる子もいると思います。ですが、我が家では「思いっきり走り込んだんだから、飲みたければ飲みなよ」となります。簡単に

言えば、

「無理に押し付けない」。

という考えです。我慢はストレスに直結します。あれもダメ、これもダメでは、ストレスに苛《さいな》まれ、「もうボクシングは嫌だ」となってしまうのではないでしょうか。もちろん、あれもいいよ、これも大丈夫だよ、とただ甘やかすのではありません。「練習では手を抜かない」を踏まえてのことです。何が重要か？ お菓子を食べないことでしょうか、いえ、違います。日々の練習をおろそかにしないことです。そのために、

「些細《ささい》、瑣末《さまつ》と思われることは禁止しない」。

この結論に至ったのは、自分にも中途半端な時期があったからです。自分の足跡を考えれば、子どもとはいえ他者で、別の人格ですから、強くは言えません。

「マイナス」からのスタート

恥ずかしながら、自分の人生を少し振り返りたいと思います。何もない人生でした。ゼロからのスタート、とよく言いますが、自分はマイナスから始まっています。

卑近な例で言えば自分は中卒です。自分の親の世代では中卒もいなくはありませんでしたが、自分の世代ではたいていの人は高校を卒業しています。自分は高校に進学して中退

したのではなく、はなから進学しませんでした。勉強はあまり好きではありませんでした、というか大嫌いでした。りんごが二つあり、一五人の友だちがいます。仲良く食べるには何分割したらいいですか、みたいな問題に、食いたい奴が食えばいいだろ、俺はいらねえよぉー、と思っていました。

母子家庭で祖母の家に身を寄せていました。裕福とは言いがたく、中学からバイトをしていたし、自分の手で稼ぎたいという気持ちがありました。

自分の母親はトラックの運転手をして自分を育ててくれました。厳しいけれど優しい母親でした。口では生意気なことを言っていましたが、唯一頭が上がらないのが母親でした。女手一つで育ててくれたことには深く感謝しています。母親が頑張って働いている背中を見ていたので、自分としても他所《よそ》の家の子のように何かをねだったりすることはなく、欲しいものがあれば自分で働いて買おうという感覚が自然と身についていました。ヤンチャをしていた時期があったのは、自分の心の弱さからです。半端な人間でした。中学の担任に呼びつけられると、すぐに平手を飛ばす母親でしたが、自分のことを大切に思っていることは伝わりました。

学校を卒業したら、仕事をしたかった。当時はおふくろを楽にさせてあげたいとか、そこまでしっかりした考えはなかったですが、とりあえず自立して母親には負担をかけたくないとは思っていました。当時はまだガキでしたから、バイクを買いたいな、と自分で働いてその金で遊びたかった。極真空手《きよくしん》を習ったりもしていましたが、喧嘩に強くなるためで深い意味はなかったです。あのころの自分は本当にダメな奴でした。

中学を卒業すると塗装屋の親方・石本五夫《いしもといつお》さんのもとで働くようになりました。一六歳上の親方です。「オヤジ」と呼んで慕っていました。オヤジも自分のことを「シンゴ」と呼んで実の息子にように接してくれました。オヤジは塗装業のイロハから社会人として信頼されるためにはどう振る舞うべきかまで幅広く教えてくれました。自分に目をかけて可愛がってくれました。ですが、自分は半端でした。現場に行けば誰よりも働いていましたが、遊びに誘われるとそちらを優先してしまうのです。現場を放り投げるわけですから、許されるわけもない。

夜遊びを繰り返し、懐《ふところ》が寂しくなると「働かねば」と思うのです。けれども、オヤジが怒っている姿が目に浮かびます。先輩に連絡をすると、「オヤジ、そんなに怒ってないぞ」と返ってきました。先輩を通じて「もう一度頑張りたい」とお願いすると何もなかったかのように迎え入れてくれました。それでも一六～一七歳でしたから、その舌の根の乾かぬうちにまた遊ぶことを優先させてしまいます。そんな自分をオヤジは「まだ若いから」「言ってもわかんねーよ」と見守ってくれていたのです。三度出戻った自分をすべて許してくれました。

「もう二度とこんな真似はしません。性根を入れ替えて働きます」。

自分が頭を下げると、「そうか。じゃあ頑張れよ」と包み込んでくれました。その後、二度も同じ台詞《せりふ》を繰り返すのですが、オヤジはすべて許してくれました。独立すると率先して仕事を回してくれたりと今でもオヤジには頭があがりません。

オヤジから学んだことは数え切れませんが、一番ためになったのは、まじめに仕上げることが一番、大切だということです。塗装のイロハのイに洗浄があります。使いこまれた壁を塗りなおすには、まず洗浄です。コンクリートなら水をかけてきれいに洗います。木目であればサンドペーパーで擦《こす》ってきれいにします。汚れを落とし、古くなった塗装を剝がし、きれいにします。きれいに洗い、シーラーという下地強化剤を塗って、その上からペンキを塗り直します。さらにはペンキが染み込むようにわざと表面を傷つけたりと細やかな技術もいります。最初にきっちりと汚れを落とさないと、どんなにいい材料、いい職人でもきれいにすることはできません。つぎに窓枠や地面にペンキがつかないように「養《よう》生《じょう》」をします。この養生を丁寧にやれば後の作業も楽になります。亀裂や溝を修正し、下地の処理が終わるのです。この後の塗装も順番に仕上げていかなければいけない。ですからやはり基本が大切でした。どこにも手を抜かずに仕上げるには集中力も必要です。このときに大事なことは、お客さんのことを考えることです。いくら時間に追われているからといって、やっつけ仕事でこなさない。引き渡したときに「まるで新品のようだ」と笑ってもらえるよう丁寧に仕上げます。オヤジはよくこう言っていました。

「丁寧に、丁寧に。自分の家族の家の壁を塗ってると思ってやれ」。

建築業の現場ですから荒くれ者もいます。刺青《いれずみ》の入った職人さんもいます。でもどんな風体の人にもひとつ言えるのは、仕事には誠実だということです。酒や金にルーズな人間でも仕事は生真面目です。下手な職人は二度と声をかけてもらえないというシビアな面があるからです。自分はオヤジの下で大切なことをいくつも学びましたが、心の定まらない弱い自分を温かい目で見守ってくれたオヤジとの別れの日もやってきました。一九歳でいまのかみさんと結婚し、二〇歳で独立することを決めました。独立前にオヤジに相談に行きました。

「シンゴ、昔のオメーは、ペンキ屋でも、と思っていただろ。でも、でも、じゃだめなんだぜ。俺は絶対にペンキ屋で食ってく、と決意しねーとな。いまのシンゴなら大丈夫だ。独りでもやっていける。美穂ちゃんと生まれてくる子を困らせるような真似はすんなよ」。

二〇歳になった一九九二年一月一日、独立しました。明るく成り上がるという意味で明成塗装です。

その翌日の一月二日、長女の晴香が生まれました。晴れの日のように明るく清々《すがすが》しい女の子に育って欲しい、という願いを込めました。翌年の九三年四月一〇日、尚弥が生まれました。三一九〇グラムの健康な赤ん坊でした。和尚《おしょう》さんの「尚」を取り、まっすぐに育って欲しいと願い「尚弥」としました。弥は画数で決めました。

九五年に拓真が生まれます。逞《たくま》しく育って欲しいと思いましたが、「逞」が当時は人名用漢字としては認可されておらず、自分の名前から一文字とって「拓真」としました。

うちの家系は祖母が離婚、母親も離婚、兄貴も離婚していて、だから自分は絶対に離婚はしたくないと思っていました。とはいえ、父親のいない家庭で育ったので、父親像のイメージがまったくなかった。うちの親が離婚したのは、小学校二年生のときでした。別れた原因は父のギャンブルです。人柄は優しかったのですがギャンブル癖がひどかった。近所の人と深夜まで麻雀をしたり、休みの日もパチンコや競輪に出かけてしまい自分たちとは遊んでくれなかったようです。生活費を使い込み、母親にほとんどお金を渡さずにギャンブル三昧《ざんまい》。おふくろからは、良い環境ではないので、子どものことを思って離婚した、と聞いています。

だから自分も、結婚したからには、家族のためにも頑張らねば、という気持ちが芽生えていました。おふくろと同様、俺も頑張れるのはやっぱり親子だからかなって思いました。

親父はどこかで生きていると思います。ただ連絡は一切ありません。自分からもしません。というかできません。孫が世界チャンピオンになったことや自分がエディ・タウンゼント賞をいただいたことは、メディアを通じて知っているはず。父は「いまさらどの面《つら》を下げて」と思って黙っているのだと思います。

自分はこういう生い立ちなので、自分が家庭を持ったときには、「父親が家にいる。そして笑い合える家庭を築きたい。辛いときも悲しいときも家族で支え合っていきたい」、そう強く願っていました。

かみさんと結婚するときは、かみさんの両親から反対されました。猛反対です。一九歳とまだ若く、「デキ婚」ですから、そりゃ怒るでしょう。自分は中卒で、中途半端で、実家は裕福でもない。賛成される要素を探す方が難しいくらいです。それでも自分は自分の生い立ちも含めかみさんの両親に誠意を持って話しました。

「ダメ。結婚は認めない」。

かみさんのお母さんは首を縦に振りません。お地蔵さんのように動きません。本心ではなく、自分を試したのだと思いますが、「絶対に認めない」と突き放してきます。途方にくれた自分は母親に相談しました。母親はその母親、つまり自分の祖母と相談し、「三人でお願いに行こう」となりました。

自分の母親が「女手一つで育てたので、至らぬ点は多々あります。というか至らぬ点ばかりです。けれども嘘はつかない。裏切らない。まじめに働く。それらのことは教えたつもりです」と頭を下げました。自分も祖母も頭を下げます。真っ青な顔をして三人で頭を下げました。かみさんのお父さんもお母さんもその姿に打たれたようです。腕を組んだ仏像のように微動だにしません。重い溜息をもらし、

「美穂をちゃんと幸せにできるのか」。

そう自分を見つめてきます。自分は腹の底から「ちゃんと幸せにします」と頭を下げました。

「娘を幸せにしてくれ」。

かみさんのお父さんからそう言葉をかけてもらったときのことは死ぬまで忘れないでしょう。

自分は変わらないといけない、そう思いました。

悪友との縁を切る

やや前後しますが、かみさんと出会い、結婚を意識し始めた一八歳のときに携帯電話を

替えました。かつての悪友との関係をすべて遮断するためには携帯を替えるのが一番です。悪い誘いに乗らないために誰にも教えませんでした。番号を伝えなければ誰もかけてきません。誘惑に負けないためにはそうするしかありませんでした。こうと決めたら「ゼロか百」です。半端はしません。父親として、家族のために働くのみ、です。二〇歳になって独立すると、がむしゃらに働きました。かみさんも乳飲み子の晴香を背負って手伝いに来てくれます。その姿を見て胸の奥から熱いものがこみ上げてきます。自分はまた頑張らなきゃと決意します。

ボクシングも塗装業も基本が大事です。基本をおろそかにしているとすぐに分かります。

塗装業の仕事でも、自分は若くして親方として働いていたので、人がやりたがらない仕事を率先して行いました。基本をおろそかにしない、という姿勢で信頼を得るためには、手間暇かけてやっている姿を見せるしかなかったのです。

「大学卒の奴らより稼いでやる」

――その気持ちもありました。というか、それしかなかった。朝、昼、晩と働いていたけれど、大変だと思ったことはありません。仕事があれば、何でもやりました。割に合わないような仕事も、小さな仕事も、他に断られて自分のところに回ってきた仕事でも何でもやりました。損得は言わずにいただいた仕事は誠意をもってやりました。

それで成果を出したら信用ができる。自分は若い親方で実績もない。信用もない。何もない人間が信用を築くにはどんな仕事も黙って受けてきっちり成果を出すことです。そうしていれば自然と大きな仕事が回ってくるようになります。横のつながりもできます。横のつながりで、サポートしてくれる人が増えてきました。

「井上は若いけど頑張ってるな。あの仕事やってみるか」。そういう評判を耳にすると、もっと頑張らねば、と思いました。

一回の塗装ごとに写真を撮って証明に

何もない自分が他所の塗装屋さんよりも評価を上げて行くにはどうしたらいいのか、と常に考えを巡らせていました。

そして、丁寧な仕事をしていることを客観的に見てもらえるようにすればいい、とあるとき思い至りました。

昔は手抜きな業者もいて、家の外壁は三回塗らないといけないところを、二回で終わらせたりしていました。家を建てる方はそんなことは知らないし、二回だけでもぱっと見は気がつかない。けれども一〇年もすれば、二回しか塗っていない外壁はポロポロと剝がれてしまう。一〇年後ですからバレないかもしれないし、仮にバレても、たいがいはどこの塗装屋が塗ったものかは記憶もしてはいないでしょう。

でもだからといって手を抜いていいわけがない。家は一生の買い物ですから、納得のいく形でお客さんに手渡したい。

「いや、ありがとう。明成塗装さんにお願いして良かった。つぎに塗り替えをするときも明成さんにお願いするわ」。

そう満足していただけるのは嬉しい限りです。どう工夫をすべきか、と考えました。お客さんはたいがい、旦那さんも奥さんも勤めに出ています。我々は昼間に作業するので完成までの過程をお客さんは見ることができない。だから自分は一つの工程ごとに写真を撮っていきました。一回目の塗装で写真を撮る。二回目でもう一回撮る。三度目の塗装で最後の撮影を行います。今のようにスマホのカメラ機能でパシャリとはいかない時代です。当時はフィルムのカメラだったので、撮り終えたら写真屋さんに持って行き、現像してアルバムにしてお客さんにプレゼントしていました。

「まあ、凄いわね。ありがとう。じつは若いから心配してたんですが、杞憂でした」。そうやって信頼してもらうための工夫をしていました。従業員は平均して五～六人くらい。多いときは営業マンも含めて一五名いました。

仕事のおかげで人とは違う物の見方が身についた

独立して四年も経ったころにはもう、学歴コンプレックスも払拭《ふっしょく》されて、「どうしたら良い学校を出て良い会社で働いている奴より稼ぐことができるのか」という考えも薄れてきました。心の穴が埋まることで、立ち止まって今を見ることもできるようになりました。それでも、一度も安心したときはありません。常に仕事が途切れないように動いていました。自分とかみさんと子どもたちが笑い合える家庭が持てるように、と頑張り続けました。何もバックボーンのない自分が稼ぎを得るためには、

「まずは努力を厭《いと》わない。

当たり前のことをやっていてはいけない。

普通以上のことをやってはじめて横にならべる。

信頼のない若造はそうやっていかないと受け入れられない」。

と考えていました。そして人と違う考え方をし、人と違う物の見方をすれば自然と世の中が、人の心が見えてきます。これはそのまま自分のボクシング観にも当てはまります。

プロボクシングである以上、会場に来たお客さんに喜んでもらわないと話になりません。一部にアベノミクスで儲《もう》けている方もいるかもしれませんが、多くの人の懐が温いわ

けではないでしょう。後楽園ホールでは安い立ち見席で三、四千円、世界戦ともなれば最低でも五、六千円はかかります。地方から駆けつけてくれるお客さんもいるでしょう。交通費や試合後にビールでも飲めば、あっという間に一、二万円が飛んでいくのです。

「井上尚弥の試合には価値がある」。

そう思っていただけなければ会場まで足を運んではいただけないのです。

けれどもいくらお客さんが沸いてくれても、ガチャガチャと殴り合う試合は脳や身体にダメージを残してしまいます。ボクシングは残酷なスポーツです。試合中に対戦相手の鼻が折れるパンチを繰り出しても、目に当てて失明させても罪には問われません。ときには対戦相手が死亡してしまうことさえもあります。それでもそれはボクシングの試合中であれば許されてしまう。ファンの多くはノックアウトを期待します。そして選手側でもためらうことなく打てる選手が上に登っていけるのです。ライトヘビー級の名王者であったロイ・ジョーンズ・ジュニアが言ったように、「金を稼ぐことが、つまり正しいこと」なのです。プロはお客さんを喜ばせてなんぼの世界。尚が壊れずに、お客さんにも満足してもらうにはどうすればいいか、と考えると、やはり自分たちが当初から目指していた、

「打たせずに打つ」。

というボクシングを深化させることだという結論に至りました。振り返れば、尚と拓に

は、ステップから指導していました。通常の指導者であればまずは攻撃から入ると思います。そうではなく、ディフェンスを徹底して意識させました。まだ尚のキャリアが浅い段階で、スパーリングやマスボクシングで格上の選手とやるときには必ずこう言っていました。

「攻めるより、まずはパンチを外そう。パンチを外していれば相手に隙ができるから」。

まずはディフェンス。この視点が大切です。

「一眼　二足　三肝　四力」。

大橋会長や松本トレーナーが育った東京・目白《めじろ》のヨネクラボクシングジムには、リング脇の壁に黒字でそう書かれています。米倉健司《よねくらけんじ》会長がボクサーに不可欠な資質の優先順位を記したものです。一番は「眼」なのです。相手をよく観察し、冷静に分析します。分析が終われば攻撃も見切れます。二番目が「足」です。相手のパンチをよく見て、フットワークを使ってパンチを外すことを米倉会長は真っ先に教えるそうです。一般的に最も必要と思われる「力」は四番手です。米倉会長にとっても、ボクサーに最も必要な資質はディフェンス能力ということです。その会長に育てられた大橋会長や松本さんも同じ考えです。

自分はこれらのことをのちのち知ることになりましたが、ボクサーにとって最も必要なものは、やはりディフェンス技術なのです。

まずはパンチを外す技術から教える

しかし一口にディフェンスと言ってもさまざまな技術があります。フットワーク、腕で相手のパンチをガードするブロッキング、左右に頭を振るウィービング、頭を下げて相手のパンチをかわすダッキング、身体を後ろにのけぞらせてパンチをかわすスウェーバックと、ディフェンス技術は多岐《たき》にわたります。足で距離を外す。ガードで守る。かわす。よける。それらの習得に時間の多くを割きました。ボクシングは顔面とボディに攻撃する箇所が限定されています。相手の攻撃をいかに予測し、素早くかわす、あるいはブロックするか、が重要です。殴ることは本能ですから誰にでもできます。打撃技術をいかに洗練させていくかも重要ですが、もっと大切なことは殴られないようにすることです。

「間合い、距離感を意識していれば打たれない。尚にはディフェンスを徹底して教えるから」。

これはかみさんとの約束でもありました。お腹を痛めて産んだ息子が殴られて喜ぶ母親はいないに決まっています。小一の尚がボクシングをすることを決意した際に、「ボクシングに嘘をつかないように厳しい練習もやりとげられるか」と確認しました。その一方でかみさんには、「打たれないボクシングを教えるから大丈夫」と何度も伝えました。この約束だけは違《たが》えられない。

二人に初めて教えた技術はステップワークでした。自宅に置いてある、美容院にあるような大きな鏡の前に一緒に並んで足さばきから教えました。ステップで相手の死角に入る。フットワークで間合いを外す。相手の拳の届かない距離まで下がれば安全です。まずはこれを反復させました。中村隆先生から教わった基本を大事にしています。その上で「ＷＯＷＯＷ」や地上波で放送された世界戦を参考にします。「これはいいな」と思ったものは、まず自分が試してみて使えると判断したら尚に伝えていきました。ＷＢＣ世界スーパーフライ級王座を八度防衛した徳山昌守《とくやままさもり》さんのように自分の拳は届くが相手の拳は届かない、という独特の間合いを研究したこともありましたが、「これは徳山さんにしかできない」とあきらめました。そんなケースも少なくありません。

フットワークのつぎはブロッキングです。間合いを詰めたら自分の拳も届きますが、相手の拳も届くわけです。両腕できっちりガードをする。相手の射程圏内に入ったらガードで的確に守る。ところが、小さいときはグローブをつけて構えるだけでも疲れてしまいます。ガードが下がったときに軽くパンチを入れて「ほらっ、ガードが下がると打たれんだろ！」と教えました。ステップとガードを複合させて、まずステップで下がる。相手から打たれない距離まで下がればガードをダラッと下ろしても差し支えないので、そこでいったん休む。休んでから、もう一度ガードを固めて距離を詰める、ということもじょじょに教えてゆきました。自宅の鏡の前で小学生のときからディフェンスを徹底して意識させました。

自宅の外にも行きます。尚が六歳のとき、住んでいたマンションの前にちびっこ広場という公園がありました。一周一〇〇メートルほどのグラウンドを三周走らせました。心肺機能を高めるというよりも「ボクシングとは走るもの」という習慣を身につけさせるためでした。ちびっこ広場に行くとまず走ります。ほぼ毎日ちびっこ広場には行きました。雨や雪の日以外はほとんど走っていました。小さいうちに走る習慣がついたことは大きかったと思います。小さいときの二人にとって、ボクシングとは「殴る」「殴り合う」というよりも、「走る」ことであり「ステップ」であったかもしれません。「打たせずに打つ」という自分の理想のボクシングをするうえで、「打たれない」ことを早い段階で学ぶのはとても重要なことだと考えていました。

できるようになるまで練習する

自分も通っていた協栄町田ジムに二人も入門しました。週に二回「キッズの日」という練習時間があり、二人はそこに通っていました。全員で並んでステップをしたり、ジャブを打ったりしていました。二人ともこういったことはすでに自宅の鏡の前で習っていますから、コーチからは「できる子」と見なされます。「尚くん、凄いぞ」と声をかけられるたびに、ちびっこながら鼻が高くなっていました。全体練習の後、レベルに応じてサンドバッグを叩ける子、ステップの練習を繰り返す子に分けられるのですが、二人は前者で、意気揚々とぽこぽことサンドバッグを叩いていました。コーチやトレーナーはいますが、自分が子どもを指導しても何も言われませんでした。むしろ自分たちの練習を後押ししてくれるアットホームな環境でした。子どもたちが長じるにつれ、自分が必死になってサンドバッグを叩く姿を見せました。息が苦しくてどうにもならないそのときにこそギアをあげていきます。一発一発を強く打ったり、細かく連打したりと、一ラウンドを全力で打ち切ります。その上で「よし、同じように打つぞ！」と声をかけます。

また自分がミットを持ち、二人とコンビネーションやカウンターの練習もしました。さすがに自宅にリングは作れません。ジムではリングを有効に使って、コーナーに詰めたらこう仕留めるという、より実践を想定したミット打ちを行いました。

そのような練習をしていくうちに、尚は小学校四年生のときには見惚れるようなシャドーができるようになりました。また自分がジャブを放つとヘッドスリップでジャブをかわす、かわすと同時にストレートを突き返すカウンターもできるようになりました。普通の人は目の前にパンチが飛んでくると条件反射で目を閉じてしまいます。ボクサーは鍛錬で目を閉じないようにします。目を見開き相手の拳をよく見るのです。スピード、角度、威力を一瞬で判断し、かわすのです。かわした瞬間には相手の拳は流れているので顔面はガラ空きです。そこにパンチを打ち込みます。これがカウンターという高等技術です。尚はこのカウンターを小学校六年の時点でほぼ完璧に使いこなせていました。

一二歳の少年がなぜ高等技術を使えるかといえば、積み重ねです。

「できるまでやる」

——それが自分の教えです。まずは上手にヘッドスリップです。相手の攻撃をかわす。かわしたら間髪いれずに自分が攻撃を仕返します。言葉にすればそれだけですが、体現するとなると時間はかかります。小一からはじめ、カウンターを完璧に使いこなせるようになるまでに、およそ六年の歳月が流れています。一日に二〜三時間の練習をしていたので五〇〇〇時間くらいでしょうか。技術の習得には時間がかかるものです。近道はありません。

「ジャブを打ったときに右のガードが落ちてんぞ！」

今でもこの注意はしています。尚は左ジャブを打っていると、どうしても右のガードが顎から落ちてきます。一流の相手はその隙を見逃しません。フックを叩き込まれるでしょう。一六年間ボクシングをやっていてもすべてのミスを修正することはできません。

「右のガード！」

何の練習でも悪いところを見つけたらアドバイスする。その都度、何度でも言う。できるようになるまで言う。この指導方法は、子どもたちがボクシングを始めたときから徹底しています。自分の指導者としての役割は「悪いところを見つけたら注意し、良いところを見つけたら褒めること」だと思ってやってきました。

「今のステップいいよ」。

ディフェンス技術についてはとりわけ目を光らせて今に至っています。

一番むずかしいアッパーから学ぶ

日本ボクシング界に金字塔を打ち立てた長谷川穂積《はせがわほづみ》選手の育成方法についても触れようと思います。バンタム級時代の長谷川選手は一〇連続防衛と、具志堅用高さんの日本記録に迫る日本歴代二位の記録を打ち立てました。尚とはやや異なりますが、「打たせずに打つ」、攻防一体のスタイルです。

伝聞なので正確ではないかもしれませんが、長谷川選手は幼少のころから元プロボクサーのお父さんの指導を受けていたそうです。たいへん厳しい指導だったようです。もちろん教え方は千差万別です。これが正解という指導方法はないと思います。井上親子には井上親子に合った環境で、長谷川親子には長谷川親子に適した環境でそれぞれがその環境に合った努力をして強くなったのだと思いますが、人を通じて長谷川さんのお父さんの指導方法を耳にしたときに、「なるほど。そうくるか」と思った指導方法がありました。

長谷川選手は幼少のときにまっさきにお父さんから、アッパーを習ったのだそうです。なぜなら、「アッパーが一番むずかしいパンチだから」。通常であればジャブから始めさせるものです。攻撃と防御を担う重要なパンチで、「左を制するものが世界を制す」という言葉もあるように、ボクサーにとって最も重要なパンチだからです。どこのボクシングジムでもまず最初に教えるのはジャブです。自分も攻撃では、このジャブを真っ先に教えています。ところが長谷川選手のお父さんは、ストレートもフックも飛ばしてアッパーから教えたというのです。

先にも触れましたが、技術の習得には時間がかかります。どんなパンチも簡単に習得することはできません。同じことを何度も繰り返して、ようやくできるようになります。で、あるならば、まず一番むずかしいものから始める、という考え方もある意味、正解ではないかと思います。逆もまた真なり、という言葉がありますが、習得するのに時間がかかるものをいの一番に学ぶ、というのもわかる気がするのです。自分もそうするかと尋ねられたら、しないと思いますが。

自分はジャブから教え、ワンツー、そしてワンツーからの左フックとセオリー通りに伝えてきました。自分の理解では、ワンツーが習得するのが一番むずかしいパンチだからです。じつは、技術に関しては、小さなうちから教えた方が身につく気がします。子どもは、理屈よりも身体で覚えます。高度な技術も、いや高度な技術だからこそ、身体で覚えてしまうのです。

スキージャンプで小さな子どもがポンポン飛んでいる姿を見て、「なんで怖くないの?」と尋ねたら、ちびっこに「んっ、なんでかな?」と考えてから「最初から飛べてたよ」と返答された経験があります。大人からすると高さへの恐怖感が先にくるでしょう。けれども小さいときからジャンプをしている選手は、高さへの恐怖を知る前に飛ぶことの爽快感を知ってしまい、気がついたら飛んでいた、という状況になっているのではないでしょうか。これが大人になってからであれば、恐怖心や技術を頭で理解してからとなるので、うまくいかないのだと思います。長谷川選手のアッパーのうまさを知り合いに尋ねたときに、「子どものときにお父さんから最初に習ったパンチなんだ」と耳にしたときにむべなるかな、と思いました。自分の考えとは違っていますが、むずかしいことをまず最初に習得するという点では、やはり共通点があると思うのです。

リラックスしろ、の真意

尚が小学校四年生のころにはマスボクシングのようなスパーリングを始めていました。尚は本気で自分に打ってきます。身長差、体格差がありますから、尚のパンチを自分がさばきながら「もっと左を突いて」「右のガードがおろそかだよ」と指導したものでした。自分が打ち返すときは拳をちょんと当てるような軽いものです。ただつぎにまたガードが下がると、もう一段階、強度をあげてカウンターを入れます。

「ガード、ガードを意識！」

ガードが下がればさらに強く当て、右のガードを徹底して意識させました。

自分とのスパーが終わると、「良かった点」「悪かった点」に分けて伝えます。今日の練習から学んだ点、修正すべき点をノートに書いておくように、と高校時代に伝えたことがありました。結果、一〇日目には真っ白でしたが、尚のノートには「リラックス」「力を抜いて」と書かれていました。尚にも拓にも「力むな」「リラックスしろ」と何度も言いました。キャリアの浅い段階でももっともむずかしいのが、このリラックスしてスパーや試合に臨むことでした。

ボクシングは殴り合う競技なので恐怖心があります。なので、その恐怖心に負けまいと力んでしまうのです。グッと拳を握りこみ、身体全体に力を溜め込んで、相手に対峙《たいじ》しがちです。けれどもそれは愚の骨頂です。力を込めずに何をするかといえば、

——リラックスです。

スポーツ全般でリラックスが重要なことはよく耳にすると思います。実際に試合会場でもセコンドから「もっとリラックスして」「身体、硬いよ」という声を聞いたことがあると思います。リラックスすることで脱力し、普段に近い動きができます。

「スパーリング・チャンピオン」という言葉があります。悪い意味で使います。ジムで行うスパーリングではめっぽう強いが、いざ試合となるとその力を発揮できない選手を揶揄《やゆ》する言葉です。野球でいうところの「ブルペン・エース」と同義語でしょう。ブルペン・エースとは、ブルペンではキャッチャーも驚くほどの速球を投げるが、いざ試合のマウンドに上がると腕が縮こまってしまう心の弱い投手のことです。精神力の弱さで能力が存分に引き出せない選手が数多くいます。この手の選手にも「リラックス、リラックスだぞ」とキャッチャーがよく声をかけるものです。つまり、うまくリラックスできないと、本番で活躍できないのです。

ボクシングでも、リラックスすることが大切です。ガチガチに力を込めたまま構えたら

パンチも伸びません。実際に試してみてください。最初から拳をきつく握りしめた状態で打つパンチよりも、脱力し、インパクトの瞬間にだけ握り込むパンチのほうが効果的なことは、パンチを打ってみれば一目瞭然です。パンチを的に当てるときには拳を強く握り込みますが、この拳を握る時間が長いほど力みが生じます。無駄な力が入っているので速いパンチが打てないのです。

このリラックス、つまり脱力が大切です。ボクシングと聞けば、肩や拳に力を込めて真っ赤な顔をして殴り合うようなイメージを持たれるかもしれません。たしかに前座の選手は殴られる恐怖心から力みがちです。しかしメインイベントに上がるような選手は全身の力を程よく抜き、とりわけ膝の力はスムーズに抜いています。隙はもちろん見せませんが、大いに力を抜いて相手と向かいあうものです。この脱力によって無駄な力みを抑え、素早く反応することができます。また脱力すれば無駄な力を使うことがないのでスタミナの温存にもつながります。ゆっくりと深呼吸すると、それだけリラックスできます。鼻から多くの酸素を入れて、口から細く長くゆっくりと吐き出します。深呼吸をして一拍置くことでガチガチだった身体がほぐれます。これは受験勉強でも会社の大きなプレゼンテーションの前でも使えると思います。

ボクサーの本能のようなもので、リラックスと表裏をなす克服しがたいことがあります。一発いいパンチをもらうとカッとして我を忘れ、殴り合ってしまう、また反対に一発いいパンチを入れると「よし、今だ」としゃにむに仕留めに行ってしまうのです。

尚はだいぶ改善されましたが、拓はまだ克服できていません。カウンターが入るとむきになってラッシュします。自分が大声で「熱くなり過ぎんなよ！」と叫んでも、声は届いているのですが、身体の反応がともなわないのです。

試合の終盤で相手が弱っているときであれば、ラッシュしてそのままノックアウトにつなげられることもあるでしょう。しかし、相手がベテランでボクシングに幅のある選手だと、一発もらって隙を見せたと思いきや、カウンターを返されることもあるわけです。「ノックアウトがとれる」と打ち気にはやり、ラッシュの隙を突かれて、ショートのパンチをもらってしまう――そんなリスクが極めて高いのです。ラッシュの最中に打たれたらガードをするのも避けるのもとてもむずかしい。そのために自分は「ラッシュの途中で一拍置く。ガード越しに相手の様子を観察し、相手が弱っていたらそのまま続ければいいし、弱ったふりだったら、間をとって様子を見ること」をそうとう口を酸っぱくしていい続けているのですが、それでも拓はまだ改善できません。尚も一八～一九歳の時点ではできていませんでした。とくに勝気な選手はこの特徴がモロに出ます。怒濤《どとう》の攻撃をしていたのにショートのカウンターをもらい、一転してピンチに陥ってしまう恐れもあるのです。

「よっしゃ、行ける」と思ったときにこそ細心の注意を払う。ボクシングでは、終了のゴングが鳴るまで何が起こるかわからないのですから。

長所を潰すとパニックに陥る

どんな選手でも得手と不得手が同居しています。不得手は自分でも理解しています。ですから弱点をついても、相手からすると「やはりそうきたか」となります。弱点をついても想定の範囲です。

ですが、選手は得意とするものを封じ込まれると「あれ、おかしいな」とパニックに陥りがちです。得意とするパンチやコンビネーションをすべてかわされたり、ブロッキングされたら、ムキになって強振してきます。同じ軌道でくる上にパンチが力んでいるのですから、なおさら丸わかりです。これを逆手にとればいいのです。

「短所をついても相手は想定しているので、あまり効果が得られない」。

しかし、

「長所を潰《つぶ》されると選手はパニックになる」。

相手の長所を封じ込めれば、相手は勝手にパニックに陥り、容易に自分のペースに持ち込むことができます。

横浜光《ひかり》ボクシングジムの赤穂亮《あかほりよう》選手とのスパーリングのときに、このことを実感したものです。

赤穂選手は現在WBO世界バンタム級のランカーです。当時の赤穂選手はスーパーフライ級の日本タイトルマッチでは引き分け判定でベルト獲得こそ叶わなかったものの、怒濤の勢いで連勝していた時期でした。身体能力が高く攻撃的な気質で、「おら、死ね！」と胸の内で思いながら殴ってくるような左フックが魅力的です。試合運びを見ていると自分とは馬が合いそうな人柄です。尚が高校三年のとき、スパーリングをお願いしました。

「アマチュアエリートのボンボンが何か？」「プロの俺とやるだと。小僧、生意気だぞ」という雰囲気を漂わせています。実際にスパーの前に尚が挨拶に行くと、

「あーっ、よろしく」。

睨《にら》みながら、顎をつきあげて「上から目線」の返礼でした。

赤穂選手はきわめて攻撃的な性格なので心配な面も強かったのですが、この時点ですでに尚も自分が理想とする攻防一体の「打たせずに打つ」ボクシングを体現できていました。六歳のころからやっていたステップワークは六回戦程度のプロボクサーであれば完璧に寄せ付けない自信はありました。連戦連勝中で世界ランキングをものすごい勢いで駆け

上がって行く当時の赤穂選手にも、それなりに通用するだろう、という確信もありましたが、赤穂選手の気質も考慮して、「まずはパンチを外していこう」、そう指示しました。

尚はスロースターターです。プレッシャーはかけますが、一気呵成《いっきかせい》に自分から打ち込むことはほぼしません。一ラウンドは左ジャブを突き、距離感を測ることに主眼を置きます。相手のパンチの軌道や速さ、実際にガード越しに打たせてパンチ力を測ることもします。じょじょに相手のデータを蓄積し、自分の拳が届く距離を探ります。尚は自分の指示通りに赤穂選手のパンチをかわしています。左を突いて相手との距離を保つ。ステップでかわし、ブロッキングで阻み、と的確にパンチを外しにかかります。

「相手は高三のガキだ。なんで当てられねーんだ」。赤穂選手がイライラしてくるのがわかります。尚を捉えられないことで、より力んだパンチになっています。怒りのままになぎはらうかのような左フック、一発でも当たれば尚はノックアウトされるでしょう。しかし、左肩を大きく下げて力を込めてから打ってきますから、尚からすれば左フックがくるとわかっているようなもの、的確に止めることができます。この時点で尚の術中にはまりつつあります。

先の章で触れたように尚が高校二年のとき、全日本アマチュア選手権の決勝で敗れたのも同じパターンです。自慢の攻撃を徹底的にブロッキングされて、林田太郎選手に翻弄されたのです。尚はムキになって強いパンチを振ります。林田選手は的確に外す。なまじスタミナに自信があるだけにブンブン振り回す。さらに空転させられ、自慢のスタミナも底をつく。あの敗北を糧にして、赤穂選手を翻弄しています。赤穂選手のパンチの軌道や癖がくっきりと見えてきます。左が飛んでくるや否や尚がすかさずカウンターを入れます。

尚は力任せに打つこともあります。かみさん似の優しい顔立ちにだまされますが、負けん気は自分譲りです。スパーの前の赤穂選手の態度に内心ムカついていたようです。こそ少年ですが、当時から左フック、右ストレート、その他のパンチにすでに威力がありました。赤穂選手は鼻血を出します。

「くっ、このガキ」。

やられたことでどんどん我を忘れていきます。拳を強く握ったままの喧嘩のようなパンチを上半身の力のみで振り回してきます。勇猛という赤穂選手の良さが、粗暴に変わってしまっていたのです。尚は冷静にかわし、右ストレートが決まると、赤穂選手の鼻血がひどくなり相手のトレーナーがスパーリングを止めました。ダメージが色濃く出ていたので妥当なストップかな、と自分が感じていたら、「何で。何で止めるの?」と赤穂選手は興奮した口調で、トレーナーに噛み付いています。「俺、まだやれるよ!」。尚は集中力を維持したままです。赤穂選手は再開するや否やマットを蹴って、距離を縮めてきます。尚も臆することなく迎え討ち、迫力満点のスパーリングになりました。攻撃を見切った尚が強いパンチを浴びせても、赤穂選手は顔の下半分を朱色に染めながら襲いかかってきます。気がつけば、横浜光ジムの選手や練習生などが皆リングに釘づけです。鼻血で中断したものの、赤穂選手とは当初の予定通りに六ラウンドのスパーリングを終えました。

ヘッドギアを外した赤穂選手は数度、深呼吸をすると、

「マジかよ」。

驚きの顔で詰め寄ってきます。ネコ科の動物のような目つきで進んできます。

「井上って言ったけ。おまえマジで強いわ。本当に高校生か？　年下だけど尊敬する。またスパーしてくれよな」。

と握手を求めてきます。

さっぱりとしたい性格です。尚は出された手を照れながら握り返しています。赤穂選手は、「マジ強えぇ」「お前、俺の階級にくるなよ。いや、やっぱ来い。つぎはプロのリングでケリをつけてやる」などと言って尚の肩を叩いています。その後、赤穂選手は悔しさを払いのけるかのように物凄い音を響かせてサンドバッグを叩いていました。

尚はストレッチをして帰る支度をしています。

「あれがプロ根性だ。心が折れない姿は勉強になったよな」。

尚は自分が口を酸っぱくして伝えた、「最後まで気を抜くな」ということを肌で知ったと思います。気を抜いた瞬間に赤穂選手の左フックが襲いかかり、倒されていたかもしれない。得るものが多々あった六ラウンドのスパーリングでした。

大橋会長の育成方法

異色ですが、長谷川選手のようにいきなりアッパーから学ぶ、という育成方法もあります。これには長谷川選手並みの身体能力や動体視力が必要なのかもしれません。他人には真似のできない特別な育成方法だと思います。どの指導者でもジャブから教えると思います。まずジャブを徹底して覚える。そのつぎにジャブ、ワンツーへとステップアップする。尚も拓も攻撃の練習をはじめてから六ヵ月間はジャブ、ワンツーのみでした。徹底して、ジャブ、ワンツーだけです。小さいので同じことの繰り返しに嫌気がさすようで「地獄のトレーニングだ」と尚は目を真っ赤にさせていました。飽きさせないためにフックやアッパーを教えるのは簡単ですが、自分はそれをしませんでした。

大橋会長も同じ指導法です。ジャブをまず覚え、つぎにジャブ、ワンツーを徹底します。フックもアッパーもなかなか教えてくれません。ジャブ、ワンツーが完璧に打てるようになってから、ようやくボディアッパーを教えます。

大橋会長のイメージでは、ジャブ、ワンツーは野球にたとえると、投手の生命線である直球です。まずきちんとした速球を投げられるようにすることが何より大事というわけです。一六〇キロメートルの直球が投げられたらそれだけで大きな武器になります。その武器を身につけるまでは小手先の変化球は投げなくていい、という発想です。一六〇キロメートルの直球が投げられ、さらに切れのあるスライダーや落差のあるカーブが投げられたら最強の投手が誕生します。しかし、逆にしっかりとした速球を体得する前に変化球を覚えてしまうと、何の武器もない小さくまとまった選手で終わってしまう、ということです。

繰り返しますが、尚も拓も最初の半年はジャブ、ワンツーの繰り返しでした。その重要性を本人が理解できるようになるには時間がかかるものです。スパーや試合でジャブでうまく相手をコントロールできるようになるまでは理解できないかもしれません。しかし、利き腕とは反対の腕を自由に使えることで、攻撃の選択肢は無数に広がります。またWBC世界バンタム級王者の山中慎介《やまなかしんすけ》選手のようにしっかりとしたワンツーを体得すれば、それだけで試合を決めることもできます。ジャブもワンツーも一見するとたやすく打てるがゆえにこそ、小さいときや始めたばかりのときにはその重要性を理解することができないのです。

「ジャブ、ワンツーは、簡単なようでじつは一番むずかしいパンチ」です。奥が深いのです。できたからと言ってサボっているとまた打てなくなります。毎日コツコツと練習をしないと錆《さ》びつきもします。ボクシングの深部に触れるパンチなのです。ジャブ、ワンツーを徹底して積み上げたからこそ、尚は世界チャンピオンになれたのだ、自分はそう確信しています。

第４章　ベストを尽くせるように環境を整えるのが親の役割

尚弥、高３、拓真、高１で兄弟インターハイ王者に

絶えず見ている

何でもしてやろう。

子どもたちの頑張っている姿を見れば自然にそうなると思います。「兄弟世界王者」の目標に向けて汗を流し、歯を食いしばる姿を見ることは自分の燃料にもなります。二人のトレーナーとして、自分なりに知恵を絞って楽しみながら身体を鍛えられるようなトレーニング方法を編み出したことは、すでに述べた通りです。

なだらかな坂の下からワンボックスカーを押し上げるトレーニングで二人の下半身は鍛えられました。慣性の法則を抑える意味でブレーキを踏みます。愛情ブレーキと名づけたように、子どもたちが強くなるために、と思い踏み込みます。憎たらしくてイジメているわけではありません。いまその一秒一秒の練習をおろそかにしたくない。その厳しい練習が血肉となっていずれ花を咲かせると思えばこそブレーキも踏み込める。厳しくとも自分の愛が伝わっているからこそ、子どもたちも練習についてきてくれるのです。

やみくもにシゴいているわけではありません。身体を馬車馬のように酷使すればそれだけ強くなれる、という考え方がまだスポーツ界全体にあるかと思います。自分の限界を破り、高いステージに立つために厳しい練習は必要不可欠です。ただ、目的も理解せずにやみくもに身体を酷使するトレーニングは、心身ともに悪影響をおよぼしかねません。

大切なことは、強制はしない。しっかりと説明をする。納得させる。

自分はそれらを信条としてきました。

無理にやらせたらどうなりますか。納得もできないままやらせたらどうなりますか。ただ疲れさせるだけでは技術は一向に上がりません。筋トレのときも、どの箇所を鍛えているのかを把握しないでやっても意味はありません。理解も納得も合意もないまま厳しい練習をさせるだけでは、好きだったボクシングがいつしか嫌いになるはずです。好きなボクシングをもっと好きになってもらうためには練習の意味を伝え、納得させたうえでやらせなければなりません。階段を一段また一段と登ることで、本人も自分が強くなっていることを理解できるのです。

「今、力を入れるところだぞ」。

「そこで見ないで、行く！」

声を荒らげるときもあります。人前で叱責もします。けれどもそれは、言われた当人もわかっています。ミット打ちの最中、息が続かず、休みたいと魔が差します。そのタイミングで声をかけるのです。スパーの際、勝てるチャンスはそうは訪れません。それをみすみす見逃していたら人前でも怒鳴ります。子どもたちはこう感じているはずです。

「練習中、父さんは絶えず、俺たちを見ている」。

自分は良い意味で二人のストレスになっているのです。自分が目を光らせていることで、練習に手を抜かなくなります。練習の目的やテーマを設定し、明確に意識させます。やがて自分がいなくなっても練習を軽視せず、自分の頭で工夫して何を補うべきか、と考えるようになります。心技体と言うように、精神の成長がなくては技術も体力も向上しません。

親として物資の面で支えることも惜しみません。プロボクサーと呼ばれながら、ボクシングだけで食べていける選手はわずかです。世界チャンピオンか、元世界王者で現役を続けている選手はさすがに専業で食べています。アマチュアで実績を残した選手が大手のジムに引っ張られ、結果を出し続けていると専業でやっていくことができます。とはいえ、アマのホープもプロで二連敗でもすれば待遇はがらっと変わります。日本王者ですら、もう一つ別の仕事を持っていることは当たり前です。尚とプロ四戦目に戦った田口良一選手は日本王者時代、新橋の喫茶店でアルバイトをしていました。フジテレビの番組でも、尚の紹介はアマチュアで輝かしい結果を残したエリートボクサーで、一方の田口選手はプロ叩き上げで昼間はバイトをし、日本王者に上り詰めた苦労人、との構図で描かれていました。

自分は、長い目で見たときに、昼間バイトをして夕方からジムで練習をする、という選手の方がいいと思います。お金のありがたみを実感できるからです。一万円という金額は非常に重いものです。自分が見習い時代、ペンキまみれになって、汗まみれになって一日働いてもらえるかどうかの金額でした。欲を言えば、尚や拓にも田口選手のように働きながらボクシングをやって欲しいと思っていました。「他人様《ひとさま》からお金を頂くことの大切さ」をわかって欲しいと思ったからです。第2章で触れたマイク・タイソンのように何百億円も稼ぎながら、自己破産するような人生を歩んで欲しくありません。

ボクシングはお客さんあってのものです。チケットも安いわけではありません。世界戦ともなれば最低でも五〇〇〇円はします。ファンの皆さんがチケットを買ってくださることと、何かを我慢してでもチケットに変えてくださっていることを理解して欲しいのです。

バイト代でスニーカーをプレゼント

卒業後、尚に初めてアルバイトをさせました。「一万円を稼ぐのがどれだけ大変なのか」を学ばせたかったのです。お金にとらわれてはいけないけれど、もらうことの大切さ、大変さを勉強させたかったのです。

昔に比べればたしかに選手寿命は延びました。しかしながら、それでも引退後の時間の方がはるかに長いわけです。引退後のことも考えて、自分でお金の管理ができるようにさせたいと思っています。ファイトマネーは「将来のために貯めておけ」と伝えています。引退後、何をするかはわかりませんが、ボクシングジムを経営するにも、会社を興《おこ》すにしても、手持ちの資金は必要です。「今、お金があるから」「また試合で稼げばいいや」とキリギリスのような生活をしてしまったら将来困ることは目に見えています。すべてを把握しているわけではありませんが、尚はファイトマネーで車の雑貨を買ったくらいでしょうか。男なので車が好きでカスタマイズしたい気持ちもわかります。使い道には口は挟みませんが、無駄使いはしていないと思います。プロデビュー以後、家賃として月に数万円は払わせています。もちろん、もらわなくてもいいのですが、お金の管理をすることを学ばせられたらと思っています。

尚は知人の紹介で、倉庫の仕分けのアルバイトを見つけてきました。時給が八五〇円だったと思います。バイト代を何に使うか興味がありました。はじめて働いたお金で何を買うのか。友だちと焼き肉でも食べに行くのか、洋服でも買うのか、と思っていたら、尚はバイト代で、かみさんに八〇〇〇円のスケッチャーズのスニーカーをプレゼントしました。

「我が子ながら優しい子だ」。

深夜リビングで芋焼酎片手に感動していたら、実際はプレゼントというよりも、「母さん、つぎの誕生日にスニーカーが欲しい」と、かみさんが尚にねだっていたことが発覚したのですが……。

自分の誕生日には磁気のネックレスを贈ってくれました。父の日に、黒くてかっこいい扇子を買ってくれたこともありました。拓も、父の日に水割り用のロックグラスを買ってくれたことがあります。記念日などにこだわらず、ときどき「いいものがあったから買ってきたよ」という感じでくれます。子どものプレゼントは金額に関係なくうれしいものです。

尚は短い期間ですが、アルバイトを経験したことで、お金を稼ぐ大変さを多少は理解できたかと思います。本来は「毎日決まった時間に仕事に行って給料をもらう」という経験を、もっとして欲しかったなと思います。拓はバイトもできなかったので、より意識して、お金の重みについて教えるようにしています。二人は今、一般のボクサーと比べたら恵まれた環境でボクシングに専念できています。プロと名乗りながら日本王者さえも「ご飯が食べられない」という現実もあるのですから。

ただし——。

世界を目指すのであれば、しっかりとした練習時間と身体を休める時間は必要です。食事をとるのも練習開始の三時間前が理想です。もしも働いていたら「ちょっと残業してくれない？」、そんな申し出もあるでしょう。決められた生活を正確に進めていくことが大切です。アマチュア時代よりも質の高い練習をするためにボクシング一本でやっていく方を選びました。

質の高い練習をする上で重要なのは休息です。心身を休ませるだけでなく、考える時間にもつながるからです。「昨日のスパーリングでパンチをもらった。何がダメだったのか」と考えます。技術の問題なのか、相手の気迫に押されたのか、その前の練習のし過ぎで疲労が溜まっていたのか。工夫を重ねてつぎのスパーにつないでいきます。自分の体験でも言えますが、昼間、仕事をしていると、この工夫の時間がなかなかとれません。現場からジムに向かう最中に、まとまった時間があれば、と何度も感じていました。仕事をしないと家族を養えない。しかしながら二人の練習を見るための時間も必要。練習時間の捻出にはいつも苦労していたものでした。

塗装屋「明成塗装」を経営していることはすでに述べました。二〇歳で独立し、従業員が最大で一五名まで増えました。仕事を任せられる番頭さんも育成しましたが、一五名のスタッフを食べさせる責任はついて回ります。何かトラブルが起これば最後は代表である自分が頭を下げにいかなければなりません。トラブルは予期できず、思いがけないタイミングで起こるものです。ある年は順調でも次の年はわかりません。塗装業の他にサイドビジネスを持つきっかけを探していました。

不動産もコツコツ勉強

アパート経営は三四歳からです。この低金利の時代では、銀行に預けていても利息はほとんどつきません。職人はサラリーマンや公務員と違って退職金もありません。仮に自分にもしものことがあっても家族が生活に困らないように、と考えていくと不動産にたどり着きました。仕事上、不動産屋さんとの取引があったのです。

アパートの外壁を塗っていると、「そこ五二〇〇万円か。五〇〇〇万円にならないか」と知り合いの不動産屋の社長が金額の大きな取引の会話をしていました。自分は外壁を塗りながら胸の内で、「すげえな。俺は一生懸命このアパートの壁を塗り直しても三〇〇万円にもならないのに社長の話は桁《けた》が違う」。

自分も親方といえど、その社長の物件の塗装などをしていただけだったのです。自分が刷毛を持ったまま社長を羨望の眼差《まなざ》しで見ていたからでしょうか、電話を終えると、「井上さんさ、アパート経営に興味ない？　いい物件があるんだけど」。不動産屋の社長さんが自分に話しかけてきました。公開前の物件のようです。公開後なら一八〇〇万円ほどの物件だったのですが、「お友だち価格」として一五〇〇万円で話をつけてくれたのです。

それから不動産業界の勉強、研究をしました。本屋に行ってビジネス書のコーナーに立ったのは生まれてはじめてのことでした。株、投資信託、外貨預金、世の中にはさまざまな財テクがあることを知りました。ただ、株や投資信託はある意味で、ギャンブルっぽいな、と感じました。不動産物件であれば、普段自分が間接的に手がけてもいます。外壁や内装の塗装は自分で塗り直しもできます。

先ほども触れたように職人には退職金がありません。怪我がきっかけで腕のいい職人が仕事にあぶれてしまうことも目にしてきました。

「将来のことを見据えて最低限の生活の基盤はあったほうがいいな」

——不動産を所有することで老後の不安が消えるのかな、と考えました。

ただ自分は塗装業の世界しか知りません。いきなり「利回り」「長期的かつ安定的な収益」「インフレに強い」などと言われてもちんぷんかんぷんです。分からないことはその都度勉強しました。分からないことがあれば先ほどの不動産屋の社長さんに連絡し、教えてもらったり、本屋でビジネス書を探し、独学で勉強を始めました。

自分なりにコツコツ学んでいきました。一例をあげれば、儲け話には、すぐに飛びつかないことです。大学の近くに利回りの良い単身用のアパートが売りに出ていたとします。

ここで焦って飛びついてはいけません。少子化で大学も閉鎖する時代です。仕事仲間のツテを使って、その大学は定員割れしていないか、あるいは周辺の似たような物件の空き具合などの情報を集めます。自分で物件の周辺を歩いてみることも大事です。駅からの距離は言うにおよばず、商店街の様子も審査の対象です。さまざまな角度から見て、「買うか、買わないか」を判断します。昨今は自然災害も多発します。河川の決壊、津波など一瞬で資産価値がゼロになってしまうような災害も起こり得ます。ダメな物件を摑まないために情報を仕入れ、分析眼を養わなければなりません。どんな仕事もそうですが、濡れ手で粟はないのです。

資金は、銀行でローンを組みました。はじめて銀行の融資課の人に会うときは、知ったかぶりをせずに素直に話をしました。明成塗装の口座にはある程度の資金もあり、会社として実績もあったので審査は通りました。

今ではアパートやマンションを数棟、保有しています。海老名市東柏ケ谷《ひがしかしわがや》に「小料理BOX」も出店しています。この店では「おふくろの味」を低価格で楽しめるようにしました。かみさんとかみさんの母親、そして娘の晴香が日替わりで店に顔を出しています。店には尚や拓のガウンやシューズ、世界戦での写真が飾ってあります。自分も晩酌はここでしています。ときどき、尚や拓もここで晩御飯をとることがあります。忙しければ皿洗いや料理を運んだりもしています。外壁も内装も自分が手がけました。外の壁にボクシンググローブを模したものを貼っています。ボクシングファンの方はお近くに来た際にはお立ち寄りください。自分にも遠慮せずに話しかけてください。

井上ジム設立

大きな買い物もしています。

二〇一〇年、ボクシングジムを買いました。尚がまだ高校生のときです。

それまでは、自宅近くにある相武台《そうぶだい》の中村ボクシングジムでトレーナーをやりながら子どもたちを教えていました。そのときに、秦野《はだの》の不二《ふじ》ジムが閉鎖するので「居ぬきで買わないか」という話がきたのです。明成塗装も自分が毎日いなくても回るようになってきていたので従業員に相談すると、二つ返事で承諾も出ました。二〇一〇年、不二ジムを買い取って、「井上ジム」を始めました。当時、尚がロンドン五輪を目指していたのでプロ加盟はせずにアマチュアのジムとして出発しました。ジムの会員は元の会員さんや自分を慕って来てくれた方も含めて二三人ほどでスタートしました。無理に拡張せずに家賃分を払えればいいかな、と思っていました。

井上ジムの教え方は基本的に尚や拓にしたものと一緒でした。ステップやフットワークからはじめ、ディフェンス技術の徹底です。ただ一般コースと、選手コースがありました。ダイエット目的で足を運んでいる会員さんには、スパーリングはもちろんさせられないわけです。ほとんどの方は一般コースなので、楽しくボクシングをわかってもらえるような指導が中心になります。「ナイスパンチ！　脇の締まったいいパンチ！」。良い箇所を大きな声で褒めます。

基本を大切に指導していました。やはりジャブです。ジャブは攻撃と防御を兼ね備えたパンチですから、最も理解して欲しい。大きくわけて三つです。まずはストレートに近い、攻撃重視のジャブです。これは相手にダメージを与え、究極はこれ一本で相手をノックアウトできるくらいに高めたい。つぎに相手の攻撃を止めるジャブ。こちらは相手のリズムを崩すものです。出端《ではな》をくじくようなイメージです。そして三つ目は距離を取る、測るジャブです。このジャブは強い右ストレートにつながるもので、ワンツーのワンにあたります。尚や拓にも教えていたのは基本的にその三つです。

「ジャブも強く打ち抜く」。

ジャブが軽いとプレッシャーになりません。ジャブだけでダメージを与えられると、それがプレッシャーになります。

「ジャブでこんなに強いのか。ストレートはどんなだ」。

相手を惑わすことにもつながります。

その三つを基本として、角度、タイミングなどの細かな打ち分けがあります。しかしその基本がとても重要なのです。勇利《ゆうり》アルバチャコフ選手が打っていた、打ちぬくワンツーが理想です。相手のダメージを察してのとどめのワンツーなどは、なかなか打てるものではありません。相手のダメージが浅ければ避けられます。試合の中でダメージを与え、この一瞬しかないというタイミングでワンツーを打つ。これがむずかしい。けれども勇利選手はいとも簡単にそれを打てていたのです。なぜ打てるのかといえば基礎を徹底していたからです。幼少期より日々、繰り返し、大人になっても日々、ミット打ちやスパーで磨き続けたから試合でも打てていたのです。

ボクシングジムは挨拶からはじまる

選手コースでやりたい、という高校生がたまに入ってくるとやはり嬉しいものでした。試合に出れば怪我はつきものなので、そういう子には、じょじょにではあるけれどプロ目線で教えていました。しかし難儀しました。一昔前であれば常識と思える挨拶ができないお子さんが少なくありませんでした。

ボクシング指導に関して、同意書を一筆書いてもらっていました。自分は遠慮なく怒りますよと、事前に理解していただくことが第一と考えていたので、まずは書面で意思確認です。そうは言ってもごく当たり前のことばかりです。他所の子どもでも、悪いときは、指導ではなく、躾《しつけ》として怒りますよと記したものです。

例えばジムに入ったときはまずは挨拶をしましょう。挨拶なしにジムに入ってきたら注意しますよ、であり、帰りも黙って帰ったりしたらよくないですよ、と。声が小さいと、「腹から声を出そうよ」と注意しました。目上の人に無礼な口を利かないとか、サンドバッグは独り占めしないで譲り合うとかごく当たり前のことです。昭和のお父さんが道端で普通に言っていたことを書面にしないといけない世知辛《せちがら》さを感じました。

挨拶や礼儀がなぜ大切かと言えば、尚が世界チャンピオンになれたのも、周囲の方々の理解や後押しがあったからだからです。支えてくれる人がいるからこそボクシングが続けられるのです。自分を助けてくれる周囲の方、チケットを買ってくれるファンの方々にお礼もできないようでは話になりません。ですから自分のジムではボクサーとしてのセンスの有無の前に人として礼節や礼儀、挨拶がなってないといけないよ、ということを伝えたかったのです。

「ジムに入ってきたら、まずなんて言うの？　聞こえないよ？」

そういう子の親は、近頃、怒って躾をしてくれるところがないので、ビシバシやって下さいという感じでしたから、特に問題になりませんでしたが、自分の子どものときにはごく常識ととらえられていたことが、できないことに驚きました。

尚や拓にも日常的に「勉強はできなくてもいいけど、人としての基本は間違えるな」と教えていました。尚は小学校のときに電車に乗ってもお年寄りがいれば席を譲っていました。これを「なんで譲らないといけないの？」と問われるようなものです。

親としては「具合が悪そうでうずくまっている人がいたら声をかけてみる」ということは、人として当たり前にできるようであって欲しいと思っています。特にいちいち教えているわけではありませんが、自分もそうしています。尚と拓は、小学校のときからおばあさんが坂道で重い荷物を持っていたら、坂の上まで持っていってあげるような子でした。

それは「強い、弱い」にかかわらず、人としての在り方であり、大事なことだと思っています。ボクシングにも、空手や柔道のように「道」があると考えています。ですからそのための礼節は厳しく指導しました。

ジムではそのようなごく当たり前のことを子どもたちに伝えていました。二、三人ではじめたジムはその後、評判となり、最後の方には八〇人まで増えていました。

井上ジム設立で、子どもたちがより真剣に

じょじょに、練習生が増えていきました。基本的にアマチュアのジムなので、プロは輩出していません。

自分の子どもだから、他人の子どもだから、と区別して教えることはありません。自分は感じたままを伝えていました。尚の小学生のころと、今いる小学生を比べても同じような感じで接していました。ありのまま、そのときに感じたことを伝えるような指導です。

ただ自分の子どもに接する方が、少し厳しいかもしれません。甥っ子でさえも、わが子と同じようには怒りづらい。練習を一緒にするときは同じように必死なのですけれど、同じようには怒れないのかもしれません。

子どもが尚や拓ほどの熱量を持って自分に向かってくれないこともわかりました。健康管理やダイエットが目的の一般コースの子と、「プロになって世界チャンピオンになりたい」がゴールの子では、子ども側が発する熱量が異なります。

ジムに来る子どもが全員、尚や拓のように世界チャンピオンを目指してくれたらいいのですが、そうもいかない現実があるわけです。

ほぼ同時期に「明成塗装」でもトラブルが起きていました。詳細は省きますが、自分がジムを見ている間、仕事は番頭さんに任せていました。番頭さんのことは信頼していました。ところが自分への報告と実際の行動が異なり、足場や洗浄機、コンプレッサーなどが知らぬ間に売り払われたり、自分の関知していないところで金銭トラブルが多発したりしていました。その番頭さんを信頼していただけに大きなショックを受けました。失望のあまり、何もかもを投げ捨てたい、と思いました。

尚が高校卒業後、大橋ジムで親子でお世話になることになったことをきっかけに井上ジムは他の人に任せることにしました。明成塗装もたたもうと考えました。ところが尚や拓が「愛着があるから潰さないで」とお願いしてきたのです。それで新規の仕事は受けないが、世話になった人や馴染《なじ》みのお客さんのために残すことにしました。

ジムを持ったことでいい面もありました。井上ジムを持ったのは、尚が高校一年のときのことでした。尚は井上ジムをきっかけに、「自分たちがチャンピオンにならなければ」と覚悟を決めたそうです。拓と二人で話し合ったようです。そして明成塗装を縮小したことで、「父さんは自分が築きあげた明成塗装を自分たちの目標のために縮小した。父さんと三人で頑張ろう」。子どもながらに感じてくれていたようです。自分の気持ちに応えてくれたのは嬉しいです。でもだからといって、「父さんもここまでやったから尚も腹をくくって世界チャンピオンになってくれ」と言ったことはありません。信頼と絆があれば、言葉は必要ありません。

自分は中卒で裸一貫からやってきました。二〇歳で独り立ちし、工夫や試行錯誤をしたことで、明成塗装は大きく収益を上げられるようになりました。その収益を礎《いしずえ》にしてアパート経営も始めました。

憚《はばか》りながら言わせていただけば、自分は天国も地獄も見てきました。今は尚は世界チャンピオンで、拓もＯＰＢＦ東洋太平洋王者となり、まだ道半ばですが、一定の結果は残せました。

自分が言えることは、子どもたちが頑張る以上、自分も全力でサポートしたい、と思って始めたことばかりだったということです。最初からお金が目当てで不動産投資をしていたらひどい目にあっていた気がしてなりません。不動産事業も、自分のためではなく、子どもや家族のために始めたことです。結論めいたことを言えば、時間と自由はある程度のお金で買えます。でもそれだけではないのです。もっと大事なのは気持ちの持ち方です。

子どもたちに付き添って練習ができるようにしたかったのです。「よし、二人とも頑張れよ」ではなく、「父さんも一緒に頑張るからな」「おまえたちがベストを尽くせるように環境は整えたぞ」と自分も本気になっている姿を見せたかったのです。

「大阪でキッズのスパーリング大会が開催される」と耳にすれば、良い経験をつめるチャンスと思い、行って経験させてあげる。周りの協力もあり、子どもたちには質の高い環境を与えられます。また、自分の限界に挑むような厳しい練習を課している以上、リラックスさせて疲労を取り除くことも必要です。疲労が溜まると思考も固くなりがちですから。二人にとっては、すべてのことが仕事です。練習は仕事。そして練習の合間に疲労で固くなってしまった頭をほぐし、空いた時間に課題を見出してその克服のための工夫をする、これも同じく仕事です。練習が仕事だからこそ、ボクシングに専念することができるのです。その上で、のびのびと悔いなくやってもらえれば、と思っています。

第５章　どんな挑戦も受けて立つ。わくわくする相手とやりたい

尚弥、世界初戴冠後の楽屋で

調子にのるなよ

「おまえのゴールはここか？」

「よくやった。でも、負けた相手は必死になって練習してくるからな」。

自分は尚と拓には、いつもそう語っています。尚が高校入学から四ヵ月でインターハイ王者になったとき、高校三年のときにインドネシアに遠征し、大統領杯を制したとき、そして世界チャンピオンになった今もそう語り続けています。

ナルバエスとの試合後は家族でお祝いをしました。減量で食べられなかった分、二人には食べたいものを満喫してもらい、「今日の右のカウンターはすごかった」と褒めました。

プロデビュー六戦目で世界王者になった際、試合後の控え室で人目も気にせずに二人で自然と抱き合ったこともあります。世界のベルトを獲るまでの尚の日々の努力や苦しむ姿が走馬灯のようによぎったのです。文句のつけようもない結果を出したその瞬間は言葉や態度でこれまでの頑張りを労《ねぎら》います。

とはいえ、浮かれてばかりではいけません。冒頭に記したように敗れた方は雪辱に燃え、試合翌日には練習を再開しているでしょう。その鬼気迫る相手に打ち勝つにはさらに練習しなければなりません。

いつまでも慢心、おごりを持っていてほしくないのです。翌朝からは変わらず練習を開始します。

高校生の時点で、専門誌やスポーツ新聞の記者さんたちから取材を受けるようになりました。取材時に「すごいカウンターだったね。天性のもの？」「将来が楽しみですね」と声をかけられました。自分としても自分の子どもが褒めそやされて悪い気はしません。とりわけアマチュア時代は選手に対して否定的な記事は書かないものです。「天才少年」「史上最強の高校生」という言葉が紙面を埋めます。自分はこのときに必ずといっていいほど、

「調子にのるなよ」

――と釘を刺していました。ことボクシングに関しては子どもたちを「すげーな」と褒めたのは幼少期のみです。六歳、七歳のときは当然ムラっ気があります。この時期はモチベーションを持続させるために甘い言葉も優しい言葉も使いました。

しかし、中学にあがり、本人の口から「いずれ世界を狙いたい」と目標が出るようになってからは戒める発言ばかりです。尚が不遜《ふそん》な発言やおごったような言葉を吐かないか、目を光らせてきました。幸いなことに尚の口から「俺、天才」と出てくることはないので一喝することもありませんでしたが。

悔い

輝かしいキャリアを誇るナルバエスを劇的な形で倒したことで、周囲の期待値は天井知らずとなっています。

「ボクシングの本場、ラスベガスで井上尚弥の試合を観たい」

——最近はよくそう声をかけられます。

とはいえ、実情として本場ラスベガスでは軽量級の人気が高いとは言えません。マイク・タイソンの前座にリカルド・ロペスが出場しましたが、会場はガラガラでした。教科書のようなジャブやワンツーにも一部拍手が湧く程度です。お国柄の違いなのか、軽量級のスピード、技術よりも重量級のパワーの方に拍手が集まるようです。

であるならば喜んで下さる方が多い国内でやったほうがいいかな、と思います。自分の姿勢としては、ファンの方が観たいと思う試合をしたいと思います。ワタナベジムにWBA世界スーパーフライ級王者の河野公平選手もいます。同じ国に二人の世界チャンピオンがいるので、どちらが強いか白黒つけてくれ、という声が高まれば、対決してもかまいません。

「尚を支えてくれるファンが望む試合を組んで下さい」。

プロモーターである大橋会長にもそうお願いしています。

「ファンのために」。

と国内開催の理由をそれっぽく述べてきましたが、じつはただ単に自分が、

「飛行機がにがて」

——という恥ずかしい、しかしながら大きな理由があります。

自分は飛行機に乗るのが怖いのです。遊園地にあるジェットコースターやフリーフォールもダメです。簡単に言えば高所恐怖症なのです。あの鉄の塊がどうして飛べるのか理解できません。

しかし困ったことに「息子の試合でともに戦う」をこれまで言い続けてきました。国体、選抜、インターハイは国内が試合会場なので駆けつけることはできます。自分が駆けつけ、試合でもセコンドとして指示を送りました。しかし、アジア・ユースの開催地はイラン、世界ユース選手権の開催地はアゼルバイジャンでした。自分にはどこにあるのかもわからないような場所だったので、行くのを見送ったのです。その結果、尚は国際試合で二つの黒星を喫してしまいました。

世界ユース選手権では、あと一勝していれば、ベスト8入りし、その年にシンガポールで開催されたユース・オリンピックに出場できていたはずでした。

そのユース・オリンピックを懸けた試合をビデオで観ると、アマチュア最高峰のキューバのヨスバニー・ベイタ・ソト選手に〇対一二の完封負けでした。

ヨスバニー選手の方はアマチュアのルールを熟知していたので、攻守をしっかり切り替え、尚にポイントを許しません。パンチを打ち込む尚に対して、ヨスバニー選手はしっかりブロックし、軽いパンチを当ててきます。オープンスコアリングシステムという当時のアマチュアのルールを事前に知っていれば、尚も戦い方を変えていたはずです。軽くパンチをもらうのも避けて出入りの速度をさらに上げるといった対応ができたはずなのです。

ところが尚はこのルールを知らないままで戦っていました。事前にコーチが伝えなかったのはどうしてかわかりません。負けた試合をどうこう言うつもりはありませんが、やはり悔しさは募ります。仮に勝っていれば、ユースオリンピックにも出場の可能性があったのですから。

当初、自分もアゼルバイジャンまで一緒に行くつもりでした。ただその当時は日本ボクシング連盟と距離があり、自分が宿泊するホテルは選手やスタッフとは別で、飛行機も自分で取るように、と言われたのです。言葉もわかりませんし、ホテルも一緒ではないというので断念してしまいました。

かみさんからはこう言われました。

「お父さんが一緒に行かないとダメ！　二人で一人前なんだから。お父さんが一緒に行って、尚が負けたら納得できる。でも行かないで負けるのは納得できない」。

自分は腹をくくりました。尚がつぎの国際試合に出場する際は絶対について行こう、と。翌《あく》る年、尚はインドネシア大統領杯に出場を決めました。尚の出場を喜びつつも、インドネシアと聞いて目の前は真っ暗です。尚はほがらかに語ります。

「父さん、開催地はジャカルタだって。香港《ホンコン》で乗り換えるみたいだよ。船では行けないからね」。

泳げる人間は泳げない人間の気持ちがわからないものです。かみさんはどこで仕入れたのか定かではない知識を披露します。

「確率論で言うと、飛行機事故がいちばん少ない」。

でも自分からすると、その「一回」が自分の乗った飛行機になる可能性が拭えません。

インドネシア大統領杯で優勝

前夜に焼酎を飲み明かし、成田《なりた》空港に向かいました。飛行機好きのちびっこが窓から離陸する機体を眺めては歓声を上げています。搭乗が刻一刻と近づきます。バッグの中をまさぐり、普段は触れたこともない拓から借りた携帯ゲームを右手で確認しました。

「ゲームに没頭しているうちにフライトなんて終わっちゃうよ」。

拓のアドバイスに従い、「スーパーマリオ」に没頭し、ジャカルタに向かったのです。窓から眺める雲の上の景色、スカルノ・ハッタ国際空港に着陸するときのアンチョールの海岸線などまったく見ていません。ぴょこぴょこと飛び跳ねるマリオしか見ないことで、恐怖を片隅に追いやったのです。今は家族にはめられて、「ツムツム」をたしなむ程度にやっています。(笑)

「フェアー・アー・ユー・フロム？　アー・ユー・インドネシアン？」

客室乗務員がやってきて何やら話しかけます。「インドネシアン？」は聞き取れました。インドネシアに行くのか、と尋ねられたと思い、イエス、と力強く返したら、インドネシア語の入国カードが配られました。英語の入国カードを配られてもさっぱりわかりませんが、輪をかけてわかりません。飛行機は恐ろしい乗り物です。

それでも何とかスカルノ・ハッタ国際空港に降り立ちました。タクシーをチャーターして会場に向かうと村田諒太選手、須佐《すさ》勝明《かつあき》選手の姿が見えました。後に彼らと尚の三人の日本人選手が金メダルを獲得し、国別対抗でも日本が優勝を果たすことになります。

ほうほうの体《てい》で会場に着くと尚が嬉しそうに迎えてくれます。日本と違ってジメジメし、床に目をやればネズミの影も見えました。会場近くの現地の食堂のトイレは日本のように衛生的ではなく、水が汲み置かれ、使用後はそれで流します。尚は自分の姿を見つけると「父さん、飛行機大丈夫だった？　来て早々悪いけど、ミットを持ってよ」。六歳からやり慣れたことをすることで緊張を解《ほぐ》そうとしています。「父さんがいればもう大丈夫」とその顔は告げています。「やはり来て良かった」と私も同じような顔をしていたと思います。

やはり自分とのミット打ちが精神的に安定するようです。アップと最終調整を兼ねて控え室でいつものようにミット打ちをはじめます。海外ということで尚の拳から無駄な力みを感じました。

「落ち着いて、落ち着いて」。

そう指示する自分も初体験のことばかりで、普段通りに振る舞えません。こういうときは無理せずに「父さんも初めての海外でほら」と笑いながら手のひらを尚に向けます。びっしょりと汗で濡れた手のひらを見せると、「そんなに緊張しなくても」と尚の表情が緩みます。ミット打ちではいつものリラックスした動きを見せはじめました。

「尚、ショート、ショートで」。

「膝を柔らかく使って」。

尚も国際試合の会場で自分の声が耳に届いたことで落ち着きを取り戻します。前にも言いましたが、尚は試合中の感覚をこう評します。「試合中は自分の意思が三割、父さんの指示が七割で戦っている」。

実際には尚自身の頭脳や五感をフルに使って戦っていると思います。ただ、そこに自分の声が聞こえると「父さんもやはり自分と同じ考えだ」と自信が深まるのではないでしょうか。いっぽう自分はリングの外で見ているので、尚の修正すべき点がよく見えます。焦って大振りになっていればそこを注意します。尚は自分の声を聞いて、脇を締めたコンパクトなパンチを打つことを意識します。

「ナイス、ジャブ。ジャブで距離を取ろう」。

尚は指示通りに強く鋭いジャブを放ち、相手を下がらせます。コーナーの反対は外国人です。日本語は理解できないはずです。冷静な選手であれば、対戦相手のセコンドの指示を聞いて攻防の展開を察してきます。簡単に言えば、相手のセコンドが「ボディ」と叫べば、「あっ、腹を狙ってくるな」とわかるのです。でもここはインドネシアです。「腹から。腹を打って、足を止めて」と大声で指示を出しても、おそらく理解されません。自分も相手の言葉が理解できませんが、向こうも日本語がわかりません。自分がはばかることなく声を出していくと、尚の動きにもキレが増してきます。

尚にとって、コーナーポストから自分の声が聞こえるだけで安心するのでしょう。具体的な指示もさることながら、自分の声が耳に届くことが精神の安定になるのでしょう。

思えば六歳のときから二人で積み上げてきたのです。すべて語り合って納得してから作り上げてきたものです。リングの上の尚とリングの外の自分の考えに違いはありません。試合中に尚と一心同体となる瞬間もあります。

ステップイン、ステップアウトにキレが戻り、フットワークと拳が連動していきます。自分が追い求めた「打たせずに打つ」ボクシングは外国の選手にも通用しました。中国、フィリピンの選手を連続して打ち破りました。尚はシニアの部に出場し、見事優勝を果たしました。自分の決死の覚悟が伝わったのだと思います。国際大会で大人に交じっても戦えることは大きな財産となりました。

村田選手、須佐選手も首から金メダルをぶら下げて近寄ってきます。

「高校生で国際大会で優勝か。大人になったらどうなるんだ」。

彼らは尚を弟のように可愛がってくれます。三人で金メダルを取れたことは尚にとっても良い思い出となったことでしょう。

自分としては、高校生が国際大会に殴り込むわけですから、やはり親としての不安はありました。ですが、尚のボクシングに関しては、これまで練習をしてきたことに対する自信はあったので「尚が外国の大人の選手とどれだけ戦えるか」と考えていました。

高校二、三年で全日本アマチュア選手権にチャレンジしたのも「尚がどれだけできるか」というチャレンジ精神を試す部分が大きいです。このチャレンジ精神を武器に尚はさまざまな大会に出場し、ときに海外の選手とも拳を交えていたのです。その結果、高校時代に七つのタイトルを獲得しました。

「史上最強の高校生」。

「初の七冠王者」。

鳴り物入りで卒業後、プロデビューを果たすことになります。プロになることについてはその都度、何度か確認しています。

「アマチュアの選手として大学進学を目指すか、高校を卒業したらプロを目指すか」。尚にそう尋ねるといつだって「プロになりたい」と意思表示をしていました。尚がプロと道を決めたなら、自分の答えも一緒です。そして、その先は世界チャンピオンです。

……その夢が叶った今はさらに大きな夢を見ようと思います。具志堅用高さんの持つ一三の防衛記録の更新であり、王座統一です。大きな会場で強く有名な選手と拳を交えたいのです。

プロとなった以上、さらにこの位置まで辿り着いた今となっては、マッチメークは、海外であっても日本であってもどこでもいいと考えています。自分たちは、あくまでも大橋会長から言われた試合に対して準備をするだけです。

王者ですから、どの場所でも誰からの挑戦からも逃げません。

軽量級最強の選手

尚が戦わねばならない相手がいます。ボクシングファンもその対戦を待ち望んでいることは承知しています。

ローマン・ゴンサレス選手です。

ニカラグアが生んだ怪物、現WBC世界フライ級チャンピオン。WBA世界ミニマム級チャンピオン、WBA世界ライトフライ級スーパー・チャンピオンの実績もあります。

プロで四三戦四三勝（三七KO）無敗。アマチュアで八七戦八七勝無敗、つまりプロアマ合わせて一三〇戦して一度も負けていません。驚異的なレコードからもわかるように本物の強者です。リング上では無慈悲ともいえる攻撃で対戦相手を潰しますが、ゴングが鳴り終わると対戦相手に敬意を表します。ファンから握手や撮影を求められると、喜んで応じます。日本のボクシングファンの間では「ロマゴン」のニックネームで親しまれています。敬意を持って自分もそう呼びます。

ロマゴンの気質は南米の選手にありがちな傾向ですが、対戦相手がそう強くもないと練習不足のままリングに上がり、もたつくこともあります。一方でしっかりと仕上げた試合では圧倒的な強さを誇ります。新井田豊《にいだゆたか》選手、高山勝成《たかやまかつなり》選手、八重樫東選手など日本のトップ選手を退けています。

二〇一四年九月のWBC世界フライ級タイトルマッチは八重樫選手の健闘も光りましたが、ロマゴンの強さ、不気味さがクローズアップされる結果となりました。

「世界チャンピオンが逃げちゃいけない。この試合を逃げたら男じゃないと思った」。世界中のボクサーが敬遠した選手を八重樫選手は自ら挑戦者として指名しました。二五年前、大橋会長が指名試合でもないのに「強いといわれるなら俺がやってやる」とリカルド・ロペスを挑戦者に指名した姿と重なります。

二〇一四年九月五日、国立代々木第二体育館は超満員でした。この日は尚のライトフライ級の初防衛戦もあり、一一ラウンド一分八秒TKO勝ちを収め、メインの八重樫選手に繋げました。減量が苦しく、体重を落とすことで精一杯でした。つぎの試合からは転級することを事前に確認し、わずか一度防衛しただけでタイトルを返上することになりました。

試合後の尚はドーピングチェックや記者との対応に追われつつも、気持ちをリングに送っていました。

「八重樫さん、頑張ってください」。

開始から八重樫選手は勇敢に立ち向かいました。しかし、褐色の肌から繰り出される強打と重厚なプレスで八重樫選手は後手に回らされてしまいます。ロマゴンの右ストレートを八重樫選手がかわすと、その避けた先で左アッパーを打ち込んできます。そのアッパーをブロックしても、つぎに右ショートが飛んできます。避けても防いでもつぎからつぎに飛んできます。いくつもの罠を仕掛け、最後に体重がたっぷりと乗った右ストレートが放たれます。八重樫選手はとっさに急所を外してこの右ストレートを受け、自身も左フックを返します。八重樫選手の秘策は肉を切らせて骨を断つ、というものでした。

八重樫選手がロマゴンに勝てるとするならその作戦しかないと思えました。絶対に折れない精神力と屈強な肉体を誇る八重樫選手だからこそできた作戦です。日々の練習を横で見ているだけでも、この試合が最後になってもかまわない、という確固たる意志が伝わってきました。

六ラウンド、右ストレートを耳にもらうと鼓膜が破れ、右耳の音が消えたようです。続く七ラウンド過ぎにはダメージで足も止まりました。顔は腫れ、足元もふらついています。松本トレーナーは大橋会長と目配せをしました。高いレベルで戦ってきた二人には八重樫選手がもうとっくに限界を超えていることがわかっていました。

「この回で最後だ。勝負に行って来い」。

九回、大橋会長は赤コーナーのすぐ後ろで固唾《かたず》を飲んで立ち尽くす若い選手たちに目を合わせ、「よく見ておけよ」とアイコンタクトで伝えました。選手たちもしっかりと見返しました。

大橋会長は八重樫選手の左耳に向かって囁きました。

「最後だ。悔いのないように」。

八重樫選手は二人の言葉を受けると、「はい、行ってきます」と大きな返事をしたのでした。

尚と拓は拳をぎゅっと握りしめ、赤コーナーから、のっそりと立ち上がる先輩の背中を見続けています。ふらつく足取りでリング中央に向かい、幾度か踏ん張りを見せましたが、左フックを浴びるとコーナーポストに沈みました。レフェリーが両手を交差するとロマゴンは珍しく安堵の表情を浮かべたのです。

九ラウンド二分二四秒TKO負け——。

尚と拓は立ち上がり、拳をきつく握りしめたままリングの上の光景を見続けていました。

ロマゴンと対戦するには

自分としては、ナルバエス戦も含めて五戦目くらいで、二〇一六年にはロマゴンと対戦したいと思いました。相手は軽量級最強なので、こちらも準備をして臨む必要があります。ロマゴンとやるならば、一年はしっかりと準備をして勝算を高めていきたいです。

彼には日本人にはない身体の強さがあります。身体がぽっちゃりしているので、もともとナチュラルにパンチ力があるのでしょう。トレーナーとしてロマゴンを見ると、フィジカルには相当な余白がありそうです。それでもあの強打です。どの筋肉が強いというよりも、バランス良く筋肉がついていて、体幹の強さがうかがえます。尚と同等かそれ以上でしょう。その体幹の強さから繰り出される強打、そしてパンチとパンチのつなぎが優れています。体幹が強いと身体の軸がブレにくいのです。スムーズな連打ができ、さらにその拳は重い。コンビネーションの切れ目がわからず、どのパンチが誘いでどのパンチで仕留めにきているのか読みきれない怖さもあります。

ですが、八重樫選手との試合では結構パンチももらっていました。やはりどんな選手でもショートの連打は防ぎきれないものです。右ストレートを打つと身体が流れるなどの「穴」も見えました。尚のトップスピードにはおそらくついてこられないと思います。ただ世界戦であれば一二ラウンドあるわけです。いかにトップスピードの八〇パーセントを維持しながらフルラウンドを戦い、尚の距離を保てるかが鍵となるでしょう。勝つためには、ジャブやステップワークの進化が必要です。尚も何発かもらうでしょう。あの強打をもらっても耐えられる肉体。耐えられればロマゴンが躍起《やっき》になって打ちにくるのでスタミナもロスするでしょう。多彩な能力を高めるためにはいろいろな準備が必要になると考えています。

ロマゴンは世界のあらゆる場所で、あらゆるタイプの選手と戦った経験があります。アマチュア時代の実態がわかりませんが、プロになってからダウン寸前まで追い詰められたことはないようです。

尚もまたそうです。血まみれになるまで殴られたことはなく、ダウン寸前まで追い込まれたこともありません。疲労のあまり目がかすみ相手のパンチが見切れなくなるような苦境へと追い込まれたこともありません。皆さんがボクシングの試合でよく見かけるような、目の上を切って血で視界がふさがれることさえありません。

ロマゴンとの試合となれば、疲労とダメージの蓄積で脳が働かなくなって自分の指示も届かなくなるような状況もあり得るでしょう。理性が失われ本能に任せた尚がどんな動きを見せるのか。極限状態のときにどういう姿を見せるのか、自分にも見当がつきません。

瀬戸際での精神力については、大橋会長が現役時代を振り返り、こう説きます。

「ピンチになったら相手にしがみ付いてでもダウンを免れる。そういうことも大切だ」。

尚もいろいろなことができないと、やはり戦うのは厳しいと思います。土台となる肉体を進化させることから着手します。身体の機能がアップすると、当然、テクニックも進歩しやすくなります。そうすればメンタルでも余裕が生まれます。そのための準備の時間が一年はほしいです。

一番強くなるのは、身体、頭、経験などを踏まえて二三〜二五歳くらいかなと思います。そこでやるのが一番自信が持てますが、ファンがそこまで待てないでしょう。尚もまた待てないと思います。大橋会長がロマゴン戦前に八重樫選手にこう言っていました。

「同じ時代にここまで強い選手がいることは幸せなこと」。

ロマゴンは今、全盛期です。そういう選手から逃げるのではなく、迎え討つ。衰えるのを待って勝負を仕掛けて「あのロマゴンに勝った」では賞賛は得られません。

尚からも「戦いたい」という気持ちが伝わります。ファンから尋ねられたときも、「八重樫さんの借りは返したい。受けて立つ用意はある」「勝てる、とすぐにわかるような選手よりも、ゾクゾクするような相手とやりたい」と応じています。

じつは試合後に二人はヒソヒソと話し合っていました。マスコミが控え室から去り、八重樫選手がシャワーを浴びて着替えようとするときに尚の姿を見つけると手招きしたのです。ロマゴンと拳を交えた直後ということで、尚に伝えたかったことがあったようです。

「暴力的なボクシングではない。計算の上でつくられた繊細《せんさい》で緻密《ちみつ》なボクシングをする。でも、基本的なスピードは尚弥の方が速い。尚弥はディフェンスもいいので、尚弥の距離で戦えるかもしれない」。

パンチのつなぎや角度、緩急、テンポについて伝えると、八重樫選手は拳を尚の胸にあて、

「尚弥、おまえなら勝てる」。

と尚にバトンを託してくれたようです。

ファンが「八重樫対ロマゴン」ではなく、「尚対ロマゴン」を観てみたいと思っていることを聡明な彼は理解し、自分を押し殺し、尚に委ねたのです。

中学三年生のときから何かにつけて親切にしてくれる先輩です。尚はその受け継いだものをどのような形で皆さんにお見せできるのでしょうか。ロマゴンとの試合では通常の試合の五試合分にも相当するほどの成長をするでしょう。勝てば、「軽量級最強」の称号を得るでしょう。ロマゴンに勝てば、尚の名は全世界のボクシング関係者に記憶されることでしょう。それはとても名誉なことです。近い未来には二人の試合が組まれるでしょう。

ロマゴンとの試合が一つの終着点となることは間違いありません。「しっかり作戦を練り、練習を積み上げていけば相手が誰でも負ける気はしない」、自分はそう思います。尚も同じ気持ちです。ロマゴンの強打にも負けない肉体、精神を築く練習を編み出していくつもりです。

ただ、「体重」というまた別の敵もあります。右拳の怪我で一年近く試合もできなくなりました。体重は維持していますが、本格的な減量はしていません。スーパーフライ級に落とすのも精一杯となりつつあります。二二歳と肉体はまだ成長していきます。練習で築いた筋肉を削ぎ落とすのは意味がありません。一つ上のクラスのバンタム級への転級も選択肢の中にないわけではありません。バンタム級にはあの日本人王者がいます。WBC世界バンタム級の山中慎介チャンピオンは九度目の防衛に成功し、日本記録である一三度防衛まであと四戦となりました。しかし、山中王者は「防衛回数に興味はない。強い相手と戦いたい」と公言しています。この心意気たるや、まさに真の王様です。

拓もOPBF東洋太平洋スーパーフライ級王者となり、世界戦が目前に控えています。二人同時に世界のベルトを巻くと宣言しています。自分はその夢を実現させます。

大橋会長は二人にこう言います。

「四団体が承認されてから日本に一〇名近い世界チャンピオンがいる時代になった。ファンがチャンピオンを選ぶ時代になった。同じ時代に強い選手がいたなら迷わず戦え。小さな記録よりも、誰と戦ったのか。そして誰に勝ったのか、が重要だ」。

一呼吸入れた後、こう続けます。

「やがて日本ボクシング界の枠を超えたスターとなれ。サッカーの本田圭佑《ほんだけいすけ》、野球の野茂《のも》英雄《ひでお》やイチロー、田中将大《たなかまさひろ》のように競技の枠を超えたスターとなれる日が訪れるから」。

その言葉に二人は大きくうなずき返します。


ボクシングを始めたばかりの二人の拳は真っ白で柔らかく、自分の手のひらにすっぽりと包み込めるほどの大きさしかありませんでした。拳骨は傷ひとつなく、小さく真っ白でした。

「目の前に自分と同じ身長の相手をイメージして。グーのままバンザイして両手をゆっくりと目の前に下ろす。右手はあごの下、左手は軽く握って、打った瞬間にぎゅっと握る。これがジャブだ——」。

左に体重を移しながら右足の蹴りとバネでパンチを打つと、二人の子どもはしきりに真似をしていました。一六年前のあの日、あのときがすべてのはじまりだったのです。たどたどしい動きながらシャドーを終えると、尚は肩で息をしながら「父さん」と呼びかけて、こう語りました。

「拓と二人で世界チャンピオンになるからね。ベルトをプレゼントするからね」。

尚は親指をグイッと突き出して笑います。自分も親指をグイッと突き出して、

「そうか、楽しみだな!!　じゃあ練習だぁ~~~!!」

——大きな返事が雲ひとつない青空に響き渡っていくのでした。

井上尚弥、拓真兄弟対談（ときどきお父さん）

しっかり練習をしてきちんと対策を練れば勝てない相手はいない

――二〇一五年七月、拓真選手のOPBF東洋太平洋スーパーフライ級王座決定戦の入場シーンで、井上家を象徴するシーンがありました。メインイベンターの拓真選手が適度に緊張し、お父さんは表情に出さないように努めようとするも緊張は隠せず、尚弥選手は真っ青で顔はこわばり、ガチガチに緊張していた。試合でも見せないような緊張した表情で、弟への思いが伝わってきました。井上家は他所の家庭に比べて家族を大切に思う気持ちが強いと感じる一シーンでした。

尚弥選手（以下、尚）　自分の試合は緊張しないのですが、拓は心配で。

拓真選手（以下、拓）　タイトルマッチだからというわけでなく、デビュー戦からずうっと緊張しています。でも後ろを振り返ったら父も兄もすごく緊張している。表情を見れば、あっ、緊張しているな、と一目でわかるほど。その姿を見て落ち着けました。自分も兄の試合では一緒に入場しますが、やはり緊張します。

真吾氏（以下、真）　どの試合でも緊張します、やっぱり。大げさに言えば、小学生のときからどの試合でも親としての不安はありますから。練習でやり残したことはないけれど、でも不安は消え去らないですね。

尚　なんかやらかしそうなんです。一緒に練習をしているので実力もわかっています。でも、拓はやらかしそうで。

真　自信はもちろんあります。絶対にイケるという練習はそれまでに積んでいますから。でも、それでも不安も絶対付いてきます。自然とそれが顔に出るのでしょうね。

鏡の前で

——尚弥選手が六歳から、拓真選手は四歳からボクシングをはじめています。子どものときどのような練習をしていたのですか。

尚 ロードワークは家の前のちびっこ広場を五周、走れるようになると一〇周と増えていきました。走り終えると家の一部屋がトレーニングルームで、大きな鏡の前でステップを繰り返していました。まずはステップだけ。ディフェンスを徹底してやっていました。その後にジャブ、ワンツー。家ではジャブ、ワンツーだけでした。

真 半年、その自宅での練習で、その後は自分と一緒に協栄町田ジムで練習に。

尚 そこのキッズボクシングコースで週二回やっていました。

拓 四歳だったので、ほとんど憶えていませんが、写真を見るとなかなかのファイティングポーズをとっている。

真 拓は遊びの延長ですが、見様見真似で頑張ってやっていました。

——自宅での練習の記憶は。お父さんによく褒められた、あるいは叱られたのですか。

尚 走ることやステップがキツイというわけではないですが、泣きながらやっていましたね。同じことの繰り返しなので。地獄のトレーニングだ、と泣いていました。

拓　小さいのですぐに飽きてしまっていましたね。
尚　三分間がすごく長く感じていた記憶があります。砂時計を使っていましたが、チラチラ見ながら、砂がまだあんなにある、と。

井上尚弥

井上拓真

サンタクロースは小四、小二で終了

――当時から「三人で一緒に」練習をしていたのですよね。お父さんを仮面ライダーのようなヒーローと同一視していたのですか。
拓　恐竜戦隊ジュウレンジャーがヒーローでした。
尚　それ、だいぶ昔だぞ。お父さんの時代の戦隊ヒーローだろ。
真　ＴＳＵＴＡＹＡでＤＶＤを借りて観ていたからだろ。
拓　そうだっけ？
尚　記憶にあるのが、仮面ライダークウガで、男の子はブルース・リーやジャッキー・チェンに憧れますよね。その流れでボクシングに打ち込んでいた父の姿もあった。毎週、仮面ライダーを観ていたという記憶はないです。日曜日も走っていた記憶はありますが、自分も六歳だったので鮮明には覚えていません。ただ、父がシャドーをしていた姿はよく憶えています。

――ひたむきに汗を流すお父さんの姿にグッときた。

尚　父がシャドーしている姿を見て、「父さん、教えて」と言ったことは憶えています。最初は母に「僕もやりたい」と言ったんです。母に「自分の口からお父さんに伝えなさい」と言われて、父のところへ。「お父さん、教えて」の場面は今でも覚えていますが、そこからどう始まって、泣きながら砂時計を見て練習したのかは断片的に憶えていたり、いなかったりですね。

拓　尚みたいに「教えて」と言った記憶はないですね。気が付いたら一緒になって練習していた。

――小学生と幼稚園児を相手にしていたので、練習中、真吾さんはよく褒めた、と話していましたが。

尚　やめさせない方向に持っていくのは今振り返ってもうまかったと思います。練習がキツイと顔や態度に出ますよね、小さいときは。そのときには「もうボクシング、やめろ」と言うんです。でも悔しいのでそこで頑張る。負けず嫌いな自分たちの性格を理解して、わざと突き放すんですね。

――練習は今現在まで途切れることなくずっと継続しているのですか。

尚　小四のとき、数日、やめさせられたときがありました。たぶんチンタラ練習をしていたのだと思います。自分たちが二、三日練習をしない間も父は練習をしていました。走りに行ったときを見計らって母が、「このままでいいの?」と問いかけてきました。

拓　シュンとした兄が「どうしようか」と言ってきて、二人で父に「またやりたい」と言いに行った記憶があります。

真 二人の性格から「もうボクシング、やめろ」と言われたら「嫌だ」と言ってくるのはわかっていました。なので練習に身が入っていないときは「やめちまえ」という言葉を投げかけていました。一度や二度ではなく、ちょいちょいと。

尚 一緒にボクシングジムで練習をしていたので、父のやっている姿を見ながら練習をしていましたね。

――鞭ばかりのようですが、飴は？「お父さん、毎日走るからカードゲームを買ってよ」と交渉するようなことは？

尚 自分が「優勝したから何か買って」と言ったのは一回だけです。高三のとき、インドネシアで開催された大統領杯で優勝し、「ドルガバ（ドルチェ&ガッバーナ）の時計を買って」とねだったんです。後にも先にもそれだけです。

真 国際大会でシニア相手に優勝したので、このときは自分も奮発しましたね。三、四万円の出費でした。

拓 自分はおねだりはしていないですね。

――ボクシングのむずかしさは、陸上競技などとは異なり、「タイムが短くなった」「遠くへ飛んだ」と数字に表れるような成長がないところにあると思います。強くなっているかどうかの実感を得られない中で、同じことをコツコツやる。それが毎日続く。小さいころはそのモチベーションの維持がむずかしいですね。ニンジン作戦のようなものは？

尚　ないですね。

真　自分でやると決めたのだから練習は当たり前ですよ。

尚　誕生日もあんまり買ってもらえなかった。

拓　自分たちからリクエストしないと何もプレゼントされませんでした。

尚　サンタさんも小四で終わりました。小四なのでサンタさんの正体もわかっているわけですよ。当時、流行《はや》っていた『遊☆戯☆王』のカードとカードを入れるファイルをもらった。それが最後で以後、サンタさんはぱったり来なくなりました。周りの友だちにはまだ来ている。でもうちはなぜか来ないんです。

——二歳下の拓真選手は小四まで猶予《ゆうよ》があったのですか。

拓　いえ同時に打ち切りでしたね。まだ小二でした。尚と同じものをもらった。以後はなし。

真　わははは。

——世代的に携帯電話は必需品でしたか。

尚　携帯も中学に上がるとクラスの子のほとんどが持っています。でもうちはない。必要もなかったのでリクエストもしなかったら中学三年の最後の春休み、卒業式の間際でもたせてもらいました。

拓　自分はちょっと早くて、中二のとき。秦野にあった父のジムに通うときの連絡用として買ってもらえました。携帯は若干早く持てたので、小二で消えたサンタさんがそこで帳消しになりました。

――ボクシング以外のスポーツ歴は。

尚　幼稚園のときはサッカーをやっていました。幼稚園の中のクラブですが、コーチもいて合宿にも行きました。結構、上手でした。このすぐ後にボクシングも始め、「サッカーとボクシングどっちにしようかな」と悩んだことは憶えています。球技も得意でしたね。

拓　自分は球技は普通です。

いつも通りやれば大丈夫だよ

――練習が嫌になって真吾さんに歯向かったり、グレたりは。

尚　ないですね。いちばんキツかった小学校高学年のとき、ちょうど父は仕事が忙しくてジムに来られなかったんです。でもむしろ、自分たちだけでジムに行っていたのがよかった。その時期に毎日つきっきりで練習をしていなくて、それでちょうどよかったのかな、と。たまに父が来るとその日はめちゃくちゃハードでキツくなるんですね、父と同じメニューで練習をしますから。練習から逃げることはないですが、逃げたかった。

――小学校高学年にはすでに今のような練習をしていたのですか。

尚　中身の濃さは違いますが、今とほぼ同じ練習をしていました。

――拓真選手は二つ年下で、小学生の二学年は大きいのでは。

拓　走ったりすると尚の方が速いのでついていくのがやっとでした。メニューは一緒だから、遅くてもゴールをしないといけなかった。

真　さすがに四歳で始めたころは遊びの延長でしたが、小学生以降は歳の差をガッツで補ってきました。尚と同じメニューをこなしてきた拓は兄よりも運動機能は磨かれていると思います。

――スパーリングは何歳から始めましたか。

尚　小四くらいから始めています。父に向かって全力で打つ。そのときにたまに軽くパンチを返される。それをもらうと怒られる。たまにくる父のパンチをダッキングやスウェーでかわすように自然となりましたね。今思うとあの練習がいちばんキツかったかもしれません。父がサンドバッグ代わりになって、お腹を全力で打つ。強く打ち切らないと終わりが来ない。あれでディフェンスやパンチ力が積み重なっていきました。

真　ミット打ちでカウンターの練習もしていました。尚は四年生から始めて、六年のときには今に近いカウンターの精度はありました。

――他所のジムの選手とのスパーは。

尚　小六のときにはじめてスパーリング大会に出場しました。それまで相手は父だけだったので、自分が強いのか弱いのかまったくわかりませんでした。周りのレベルもわからないので、何もわからないまま手探りで出場しました。

――尚弥選手はアマもプロも低年齢層の選手育成に力を入れ始めた時代とちょうど重なります。プロはU－15、アマはUJ（アンダー・ジュニア）と銘打ち中学生以下の選手強化が始まっていましたね。

尚　神奈川県で中学のアマチュアの選手を集めて合同練習をするのがちょうど始まった時期でもありました。そこでスパーをやったときは楽勝でした。今のキッズの子たちはすごいです。小学生がカウンターを打っています。スパーの実戦練習で身につけたもので、すごいのですが、自分としてはあまり小さいうちからスパーをするのは危ないのではないかとも思います。

――小六のときの最初のスパーの心理状態は。

尚　めちゃくちゃ怖かったです。父からは「いつも通りやれば大丈夫だよ」と声をかけられて、それでちょっと落ち着いて、いざ試合になったら開始してすぐにカウンターが決まった。相手が鼻血を出してストップでした。そのときの相手は中二でした。

――「俺って強いかも」と自分の強さに自信が持てたのですか。

尚　いえ、高一のインターハイも勝てるかどうかまったくわかりませんでした。インターハイで優勝し、国体でも優勝しましたが、まだ実感は湧きませんでした。選抜で優勝したときに「自分は大会に出てももう負けない」と確実な自信を持てました。

――インターハイは高校入学から四ヵ月で制していますよね。大げさに言えば昨日まで中学生だった選手が上級生を打ちのめしたのに？

尚　全然その実感はなかったです。モスキート級でいちばん下の階級だったから選手が少なかったんです。ライトフライ級に上がると選手も増えて、それで国体で勝ったときにはちょっと自信がつきました。そのつぎの選抜ではもう負ける気がしなかった。

真　スパーの相手を探すのに苦労しました。中村ジムに高校生で四回戦のプロがいたので、中学生の尚はその選手とスパーしていました。

——重要な試合のときの真吾さんのアドバイスは。

尚　いつも通りで、普段と変わらずにやれば大丈夫、とかですね。アップをしているときにその言葉を聞いていました。

拓　このアドバイスは今も変わりません。試合前にこの言葉を聞くと安心できます。

小一から腕立て、腹筋、背筋

——井上家といえば独特な筋トレをしています。エンジンを切ったワンボックスカーを坂道の上まで押す練習はいつから。

尚　高三ですね。拓が当時、高一でしたが、先に坂の上まで押せるようになっていました。

拓　このときはもう体格差はほとんどなかった。

——坂の途中でブレーキを踏んで負荷を下げない。そのブレーキを「愛情ブレーキ」と名付けるセンスは。

尚 なかなかいいと思います。最初はそんな名前もなかったんですよ。松岡修造《まつおかしゅうぞう》さんが練習の取材に来て、「お父さんいまブレーキ踏みましたよね？」と言ってどうのこうの話しているうちに、父が「愛情ブレーキ」と言いだしたんです。

真 修造さんとの会話のキャッチボールをしているうちにポロッと言葉が出てきました。

拓 あれは愛情ブレーキなのか、とそのときに初めて知りました。父らしい。

――ボクサーの足はマラソン選手のようなスラッとした足になると「走り込んでいる」と見なされます。でも井上兄弟の足はスプリンターのような筋肉で覆われていますよね。

尚 小一のときから腕立て、腹筋、背筋を一〇回やっていました。大きくなるとそれを三セットとか一回の数が増えて行く形でやっていました。

拓 ボクシングの練習の最後に必ず腕立て、腹筋、背筋です。

尚 小学生は身体が軽いのでスイスイできますよ。

――荒縄が自宅の二階のベランダからぶら下がっているといえば、消防署か井上家ですね。

拓 あれはレスリングの選手もよくやっています。

――縄登りの練習は拓殖大学でもするようですが、その他のジムや大学では見ませんね。

拓 三人で通っていた協栄町田ジムは吹き抜けの造りで、縄がぶら下がっていました。自分は縄登り得意です。

尚 あれは効きます。背中、腕の筋肉がパンパンになります。

拓　父から「やってみよう」という提案があって実際にやってみると、「握力もつくし、背筋も鍛えられるし、上腕二頭筋もパンパンだろ」と言われました。

尚　器具を使っての本格的な筋トレは高校に入ってから。鉄アレイを使って簡単に鍛えるのは中学からしていました。ほとんど腕立て、腹筋、背筋で鍛えていました。

小六で高校四冠王者と

――尚弥選手は中二の時点で、八重樫東選手など日本ミニマム級のトップたちとスパーリングをしていましたね。

尚　自分はガムシャラに仕留めにいきましたが、八重樫さんは軽～くマスボクシングです。ちょこちょこパンチは当たったのですが、八重樫さんは大人だから怒らない。本気にさせたかった。本気でやられたらボコボコにされたでしょうが。つい最近もジムで大橋会長と八重樫さんと三人でジムの歴史について話したことがありました。最初は小さなジムで、つぎに吹き抜けの大きなジムになり、そのつぎに今の場所に移った、という話なのですが、自分は吹き抜けのときに八重樫さんとスパーリングした、と話したんです。会長が「中二のときは軽くマスでいなしていたけど、高二になったらいきなり八重樫やられていたな」と話して、三人で笑っていました。

拓　そのときは見学していましたが、小六で隆二《りゅうじ》くん（原《はら》隆二・アマチュア四冠王者で、元ＯＰＢＦ東洋太平洋ミニマム級王者）とマスをさせてもらったり。隆二くんがプロデビューをする前でした。

——真吾さんは格上の選手とのスパーを課していました。中学のときなら相手は高校生、高校生のときは相手が大学生やプロと自分より格上とスパーをしていた。それは打たれるから、なんで打たれたのか、どうすれば防げるか、と研究するためだったのですか。

尚　いえ、打たれてはいないですね。やられた、と思ったスパーはないです。

真　相手は年上ですが、技術的に「少し上」の選手とじょじょにやっていましたから。いきなりすごいトップの選手とはさせません。少し上の選手です。パンチを見切れるようになっているか、を判断材料にしていました。見切れるようになったら「つぎのラウンドからカウンターを狙っていこう」と指示も少しずつ上げていきます。ちょっと上の選手とやって、つぎはまた少し上の選手とやって、とちょっとずつ上を目指していくようなイメージです。

拓　まずパンチを外せ、とはよく言われました。まずディフェンスだ、とは小さいときから変わらずに。

——だいたいどんな選手にもスパーであの選手にボコボコにされた、技術の差を痛いほど知らされた、という逸話が残りますが、その手の経験は。

尚　ない、ですね。

拓　自分もないですね。

——今は二人ともタイトルホルダーなので、普段のスパーも格下相手になると思います。元巨人の桑田《くわた》真澄《ますみ》投手には高校時代のこんな逸話があります。変化球はほぼ何でも投げられたが、「プロを目指す以上、高校生相手にはストレートとカーブで勝負する」と決め、その通りに投げ抜いた、と。やはり課題を持ってやることで格下相手でも意味のあるスパーになるようにしていますか。

尚　課題を持ちつつ、スパーでも自分は倒しに行きます。ディフェンスはしっかり意識しつつも、差を見せつける。相手が日本ランカーでも、勝負の厳しさは伝えたいと思う。向こうからすれば「今日の相手は世界チャンピオンだ」という気持ちで向かってくるでしょう。こちらとしては日本ランカー程度に「よし、やりあえた」とは思わせたくない。差を見せつけつつ、ディフェンスもし、カウンターも入れ、ときには、右は使わずに左手だけでやってみようと、すべて課題を持ちながらスパーはします。だいたいの選手は左手だけでコントロールできますね。左のパンチは得意なので。

拓　格下相手をただボコボコにしても意味はないので課題を持ってやっています。スパーでできないと試合でもできないので、スパーでクリアーしていくようにしています。

――練習後、今日はスパーであれができなかった、と検証し、ノートに記録したりは。ボクシングに限らずスポーツ選手はノートにメモを残している選手が多いですが。

尚　ノートに書いたりはしませんね。でもジムでスパーを録画できるようになっているので、スパーした後にすぐにそのビデオを見返します。記憶にあるうちに修正していくんです。

拓　ビデオを見直すと、相手から打たれなくとも、「あぁ、このときにガードが落ちていた。つぎから気をつけないと」とすぐに発見ができますから。

尚　その日にチェックすることで、「力にまかせて攻撃しているとディフェンスがおろそかになっているな。その調整をしなきゃ」などと攻防のバランスに気がつくので、ビデオに撮るのはいいと思います。

卒業式の一言で朝練も

――どの時点でプロを目指す、あるいは目標が世界王座になったのでしょうか。

尚　高校に入学したくらいからですね。その前から父には「将来はプロを目指して世界チャンピオンになる」とちょこちょこ言っていましたね。

拓　自分は中一のときに言いました。「高校に行かずに直接プロを目指す」と父に言ったのが最初ですかね。

真　その直後、尚が「拓は勉強が嫌で、高校に行かないって言っているだけだよ」と教えに来たんです。で、それじゃあ話が違うぞ、ということになったんです。

――勉強から逃れるためにプロを口実にした面は否めない。

拓　そうですね。たしかに勉強が嫌いでした。それもなきにしもあらずでした。

尚　いやいや、それしかない。勉強がしたくなかっただけだろ。

拓　母と尚から猛反対され、断念しました。

――日々の厳しいトレーニングは耐えられても日々の勉強は嫌で仕方ない。

拓　勉強は耐えられない。練習は大丈夫なんですけど。なんででしょうかね。

――目標が生まれたことで日々の練習が厳しくなったことは。

尚　練習がガラッと変わったのは小学校の卒業式からです。卒業式のときに将来の夢をみんなの前で言うという場面があって、自分がよけいなこと言っちゃったんですよ。「インターハイで優勝したいです」と宣言した。卒業式が終わったら、父が「インターハイで優勝したいなら朝から走ろうね」と目を輝かせてました。それまでは朝は起きてご飯を食べてそのまま学校に行っていたんですが、「じゃあ明日からは早起きして、五キロメートル走ろう」と父が翌朝の準備をしてるんです。そのときに「言わなきゃよかった」と後悔しました。

拓　一緒にくっついて走らないといけない。「何よけいなこと言ってるんだ、こいつは」と小五にあがる前の自分は怒っていましたね。

親子喧嘩

――卒業式での宣言通りに高校入学から四ヵ月でインターハイを制覇。その後、各大会で優勝を重ね、高三でアマチュア最高峰の全日本選手権も獲得しました。

尚　インターハイの優勝は家族みんなで喜びました。でも反対に高三で全日本を制覇したときは最悪でした。

――高校生ながら大学生や自衛隊体育学校の生徒を撃破して優勝したのに？

尚　父から「もうお前とは一緒に練習しない」と叱られたんです。自分が悪かっただけなのですが、試合期間中の練習で呼吸が合わなかった。アマチュアは試合が終わった翌日もすぐに試合が控えているので、体重を落とすために試合後、軽く動くんです。でもいつも通りに父がミットを構えても、今は嫌だ、と言ったり、気のないミット打ちをしたりしていた。減量でヘトヘトでふてくされた態度をとったんです。

真　あった、あった。二試合目か三試合目で「そのふてった態度は何だ！　もう練習見ないからな」と怒鳴ったな。自分の感覚では、周りが部活動や自衛隊の選手ばかりの中、親子で参加しているのはうちだけ。うちは連帯感を出すために選手を集めて円陣を組んだりもしない。親子で淡々とミット打ちで、身体を温め、「いつも通りで」と声をかける。あの当時の尚にとって、親子で淡々とやるのに不満があったのだと受け取りました。

尚　なんなんでしょうね。隣の芝生が青く見えたわけでもないのですが、呼吸が合わなかった。父がコンビネーションの確認でミットを構えても、自分としては一発一発強く打つ練習をしたかったりと、なんか空回りしていたんです。

拓　変な雰囲気だな、嫌な空気だな、と思いながら横で見ていました。どっちが悪いというわけではなく、親子でも嚙み合わないときがあるんです。

尚　優勝したのですが、帰りの車の中はドヨーンとしたまま。

――拓真選手にもお父さんとうまくいかないときはありましたか。

拓　ありますよ。四、五日前もジムですごく怒られた。

真　相手が強くて何もさせてもらえないのは仕方ないから怒らない。でも実力では勝っているのに集中力を欠いて自滅していたので怒鳴ったんです。

尚　ワタナベジムの六回戦の仁平宗忍《にへいそうにん》選手とのスパーで、怒られていました。

真　自分が受けた感じでは、「この程度の相手なら楽にいなせるぜ」と格好つけて勝とうとしていたんですね。そうしたら案の定、相手がその隙をついて重いパンチを当ててきた。パンチを当てられて拓はムキになって打ち合ってしまった。スパー後、その場で怒鳴りました。「相手をナメるな。いつも通りパンチを外せ。自分の距離を保って戦えないから打たれるんだよ」とコンコンと説いた、というか怒鳴った。戦い方を間違えて、修正できないままその日のスパーを無駄にしてしまった。力任せに打ち勝っても何の意味もないですから。

拓　ダメダメなスパーのビデオを見返して、相手の土俵に乗ってしまった、と反省しました。自分の距離を取ることやまずパンチを外すという反省点を心に留めて、その一方で切り替えもする。翌日は日本スーパーバンタム級タイトルマッチの決まった源《みなもと》 大輝《たいき》選手とやって、距離を保って、コツコツジャブを当て、自分のボクシングができた。父が怒ったときにはちゃんと理由があるんです。

金メダルよりも世界チャンピオン

――あとわずかでロンドン五輪に出られなかった。その悔しさを晴らすために大学に進学してリオ五輪を目指すという選択肢はなかったのでしょうか。

尚 若干、ありました。けれどもすぐに四年は長いな、と。あと一歩でロンドン五輪に出られなかった悔しさは残りました。悔しさはあったけれども、世界チャンピオンという夢がすぐに出てきました。金メダルよりも世界のベルトを獲りたい、と半日もせずに切り替えられました。

――プロになって対戦相手の変化は。一般的に「気迫の違い」をよく指摘されますが。

尚 それはアマチュアも一緒ですよ。殴り合いなんで。自分は高校一年でインターハイ、選抜、国体と優勝しているので、二年のときには周りは「打倒、井上」で向かってきました。どの選手も気迫は凄いです。決勝まで行けば相手のレベルも高い。でも自分は連覇を目指す。対戦相手もほぼ決まってくるので、向こうも自分をすごく研究してくる。

――やはりプロは違うな、と思ったことは。

尚 全然ないです。ただデビュー戦で感じたのは、仕留めに行ったとき、アマチュアなら「もうカウントだ」というタイミングがあったんですが、プロはしっかり倒さないと試合を止めてくれない。その戸惑いはありました。自分のスタミナ配分もあるので、どこまで攻めようか、とは考えました。

拓　試合では感じないかな。グローブが小さくなったことにもヘッドギアがないことも怖さはないですね。

――アマチュアは三ラウンドでもプロは最長でその四倍の一二ラウンドもありますが。

尚　アマチュア時代から、それを想定して練習はしていました。スパーでも六ラウンドやったり。プロだからアマだからと意識せずに練習してました。アマチュアの勝ち方が身についているとプロの壁が気になりますが、「打たせずに打つ」というボクシングで通してきたので変わらないです。

拓　小さいときからパンチは打ち抜いていたのでアマもプロも関係ないです。

尚　プロデビューが八回戦でした。そのために一〇ラウンドのスパーリングもしていて、キツイけど対応できていましたから。

世界戦勝利後、親子で抱き合う

――大橋会長は八重樫東選手などの世界戦になると、井上兄弟を始め大橋ジムの有望な若手選手をセコンドの後ろにつかせていました。これは大橋会長曰《いわ》く、「若い選手の方がセンスや技術は上かもしれないが、八重樫のような生き様を見せる」と、気持ちの重要性について伝えたかったからのようです。八重樫選手は、二〇一四年九月にローマン・ゴンサレスにＴＫＯ負けをしてフライ級王座を明け渡しましたが、胸を打つ一戦でした。

尚　八重樫さんの気迫は感じました。もう気持ちだけで立っている、という試合でしたね。自分たちのスタイルとは違いますが、もしドロドロの殴り合いになったら、気持ちを切らさずにやるしかない。そうなってもいいように備えはしています。サンドバッグを打つときは、限界まで打ち込む練習をしています。

拓　気持ちの強さは感じました。最後は気持ちだ、というのは常に意識しています。

真　二人とも覚悟の引き出しはもう持っています。その場面にならないとわかりませんが、最後は足を止めて打ち合う、その引き出しはあるんです。その前に倒すのが理想ですが、局面に応じてこれを出すというのはもう備えています。いまから足す引き出しはもうないですね。尚の六戦目の世界タイトルマッチも最後は打ち合いになって、尚が引かないことで最後はチャンピオンの心が折れた。あのときに少しでも尚が弱気を見せたらチャンピオンが息を吹き返していたでしょう。でもそれをさせずにあきらめさせましたから。

――四戦目は当時の日本王者の田口良一選手が尚弥選手の左フックに相打ちの左フックで応じるという凄まじい作戦を決行してきました。

尚　最後のラウンドは減量の影響で足もつりかけていました。踏ん張りもきかなくなったけど、でも気弱な素振りは絶対に見せたくなかった。あの場面でそんな姿は見せられない。あのときは本能です。キャリアの浅さもあると思いますが、今ビデオを見返すと重心が浮いている。倒せるパンチではなかった。ハイテンポで打つパンチで、腰を入れて打っていなかった。ポイントは取れますが、あれでは倒せないと今見返すと思います。ライトフライ級の時代はパンチを打っても減量の影響で力が乗り切らないので、倒せるという感覚はなかったです。

試合後に休むのは固定観念

――プロになってからお父さんから褒められたことは。

尚　世界を初めて獲ったときと、二階級制覇したときには褒められました。初防衛のときはダラダラした試合になってしまい、良くやった的な言葉はなかった。でも初めて世界を獲ったときは抱き合いました。ギューッと。自然に抱き合っていましたね。

拓　OPBF東洋太平洋王者になったときは、とりあえず獲れて良かった、と思いました。でも数日後、「世界に向けて切り替えるぞ。練習するぞ」と言われました。

尚　いや、試合直後にダメだしはあったよ。「飽きるような試合するなよ」「倒せるチャンスがあったぞ」と控え室で。

拓　詰めなければならない場面で、それができていなかったので、その通りです、としか言えないですね。

――アマチュア時代から兄弟でいくつもの好成績を残しました。結果を残すと、どれぐらい浮かれられるのですか。

尚　その日だけです。翌日から切り替えて練習です。二〇一四年一二月三〇日、ナルバエス（当時

ＷＢＯスーパーフライ級王者）に勝った試合もダメージはなかったので、翌日の大晦日に世界戦を観に行って、次の日の元旦から走れよ、と。

——一般的な選手は試合後に息抜きをします。仮に試合がワンサイドでも、試合までの精神的な疲れもあるし、スパーリングなどでダメージも溜まる。なぜいきなり走れるのですか。

尚　大橋会長も「俺は世界戦後に一ヵ月は休んだ。だからダメだった。これは井上家だからできる。このすごさはお父さんのすごさだ」と話していました。父から走れよ、と言われると走るのでそうかな、と。

——テレビ局もついた世界戦ですから重圧はあるかと思うのですが。

尚　いえ、時期を改めて休んでいますよ。試合後、数日は軽めに走って、その後、みんなで大阪のＵＳＪに遊びに行ったりとかしています。

——やっとボクシングから解放された、という気持ちは？　普通の選手は自分の試合の翌日に他団体の同じ階級の世界王者の試合を観には行かないものですが。

尚　自分は行きたいと思うので行きました。違う団体ですが、同じ階級のチャンピオンが試合するなら観に行って今後の参考に、となりませんか？　もちろんダメージが残っていたら家でテレビ観戦ですが。

——毎日、練習をしないと不安になる？

尚　不安になりますね。でもそれに追い立てられてやっているわけではないんです。自分たちがやりたくてやっていますから。生活の一部になっているので苦にならないんです。

――六歳、四歳からやっているので身体に練習が染み付いている。

拓 そうですね。朝、目覚めたら「走ろう」となりますね。

尚 歯磨きまではいきませんが、練習はして当たり前です。

――一週間ボクシングから離れて温泉に行こう、とかは。

尚 みなさんそういう固定観念があるようですが、キツキツでやっているわけではないので。日本タイトル戦が終わった後はダメージがあったので、一週間休みました。普段も日曜日はオフです。試合のダメージや疲労によって変わるんです。

――試合当日以外のダメージがなかったとしても、試合に備えての数十から一〇〇ラウンドを超えるスパーリングがあれば、世界戦特有の精神的な疲れはありませんか。

尚 精神的な疲労で言えば、ぜんぜんないですね。プレッシャー、ストレスは感じない。むしろ楽しんでやっています。試合を終えても「またあの緊張感を味わいたい」とつぎの試合が待ち遠しい。他の選手はストレスやプレッシャーを感じているから試合後、一ヵ月近く休んでしまうんですよね。試合のダメージがなくても精神的な疲れもあるようですが、自分にそれはないですね。

――極端に言えば、日常の延長に試合があり、非日常感はあまりない？

尚 試合となれば日常とは言いがたいですけど、ボクシングをやっている上での最高の舞台で、プレッシャーで押しつぶされるという感覚はないですね。「よし楽しもう」という感覚の方が強いです。

拓　自分もプレッシャーはないですね。緊張感はあります。その緊張感は好きです。でも試合だからといって精神的なストレスは感じないです。

――世界戦ともなれば対戦相手陣営の渡航費、滞在費、承認団体への承認料、ジャッジやレフェリー、立会人の渡航費、滞在費で経費が二、三千万円程度かかると言われますから、ジムの経営すら左右しかねません。メインイベンターとしての責任ものしかかりませんか。

尚　試合中にはそこまで考えてはいないですね。会長が用意してくれた大きな舞台で、よし、やるぞ、というところまでです。

真　そこは自分が出るところです。でも大橋会長も困った姿を見せないし、泣き言を口にしませんから。興行ですからいろんなトラブルもあるとは思いますが、練習と試合に専念できる環境を与えてもらっています。

尚　二〇一四年末、八重樫さんとのダブルタイトルマッチで、八重樫さんが世界挑戦で負けてしまった。先ほどのジムの歴史を三人で話していたとき、大橋会長が「尚弥がナルバエスに負けてたら俺、破産だった」と明るく話していました。

拓　いろいろ、大変なんだと思いますが、自分たちは試合で恩返しをするだけです。

兄は脱ぎっぱなし、弟は長袖も準備

――兄弟で気質の違いは？

真　家族で夏休みに八景島《はっけいじま》シーパラダイスに行ったんですね。そのとき、夏なのに突然寒くなって、家族みんなで「寒い、寒い」と震えていると拓だけパーカーをバッグから出して着ているんですよ。

拓　事前に目的地の天候は調べたりします。尚と父は一切せずにそのときの気持ちのまま行ってしまう。何も考えてねーな、と。自分は遠くに外出する前、天候は常に確認しています。尚がなぜしないのか逆にわからない。

真　この前、ジムで松本（好二）トレーナーが「井上さん、ロッカーにあったんですけど」とトランクスを持ってやってきたら、尚が「あっ、それ自分のです」と手をあげていた。脱衣所に置きっぱなし。

拓　脱いだら片付ける。簡単だろ。尚は途中、途中抜けていますね。性格なんですかね。

真　国際大会や地方に試合で行くときは何回も確認をする周到さもあるのにな。

拓　でも父が「忘れると大変だから必要なものを紙に書いてチェックしておけよ」と言って初めてしている。

尚　あははは。

高度なパンチも同じ人間が打てるなら努力で打てるようになる

——尚弥選手はアマチュア時代からスポーツ新聞などで頻繁に「天才」と書かれています。その記者たちも舌を巻いたのが、ナルバエスを倒した三度目のカウンターです。ナルバエスの右フックをスウェーでかわして左フックをかぶせた高等技術です。信じられないくらい簡単にやっていました。自然な動作だったのでボクシングに詳しくない人には伝わらなかったかもしれませんが、元世界王者も「天性のカウンター」と評すほど理想的なカウンターでした。しかし、お父さんは「努力でできる。できるまでやればいい」と説かれるのですが、やはり腑に落ちません。

尚　努力でできますよ。その人のスタイルもありますが、カウンターを打てる選手ならできる。あれはアマチュアからプロに移るときにずっと練習をしていたカウンターです。ドネアとフェルナンド・モンティエルの試合（二〇一一年二月、WBC、WBO世界バンタム級タイトルマッチ。軽量級のビッグネームの激突）の二ラウンド目で、ドネアが放った左フックに衝撃を受けたんですね。観たその瞬間から練習に取り入れました。もちろん最初はできなくて何回も何回もやりました。繰り返しです。ファイタータイプの選手にとってはむずかしいかもしれませんが、カウンターを打てる選手なら誰でもできる。繰り返せばできる。

真　デビュー戦でもあのフックは出しています。尚だけでなく拓も打てます。

拓　自分も打てますが、やっぱりあの場面で、あのナルバエスに出せるのはすごいですよ。自分もスパーでは出しています。自分でもじょじょに出来てきているかなと。

真 そこそこ運動神経があればできるようになりますよ。

――反復すればできる、と。

尚 その気持ちはあります。同じ人間がやっていますから。黒人の身体のバネはすごいと思いますが、同じ人間ができるのだから自分にできないはずがない。努力すればできないはずがない、とは思います。膝のバネが違うので同じようにはできないかも知れませんが、まったくできないわけではないと思う。

――努力でいかようにもカバーできる。

尚 ちょっと例えは変わりますが、ナルバエスとドネアの試合（二〇一一年一〇月、WBC、WBO世界バンタム級タイトルマッチ）は、ドネアが三―〇の判定勝ちしましたが、パンチをほぼナルバエスにブロックされていました。ナルバエスはディフェンスを得意とする選手ですが、ドネアはほとんど顔にしかパンチを打たなかった。その理由ははっきりとはわかりませんが、自分はナルバエスのガードを崩す自信があったんです。計量や調印式で実際に会った印象では、胸筋もしっかりして「スーパーフライ級の身体だ」とは感じましたが、不安材料は浮かばなかった。思ったよりも小さかったし、「当たらないわけがない、当てられる」と感じていました。いざ試合でも最初のダウンをとる前の駆け引きの時点で「当たるな、これは」という感覚がありました。で、試しに打ったらびっくりするくらい体重が乗ったパンチが当たった。だから同じ人間がやっているので、できないことはない。ナルバエスのガードはドネアでも崩せなかった、と最初からあきらめないことですね。

——ドネアは固いディフェンスを崩せなかったのに尚弥選手はどうして一ラウンドから崩せたのですか。

尚　ドネアは単調な戦い方でした。ドネアができないのか、ナルバエスがさせないのか。たぶんドネアは正面から押しつぶしてやろうと思ったんでしょう。現にガードの上からひたすら力任せに叩いていた。ガードの外側、ボディをほとんど叩いていなかった。もっとフェイントを入れたりすれば良かったのに、ドネアはなんの工夫もしていなかった。その差です。

——日本人と海外の選手との身体能力の差は。
尚　なくはないです。ドネア対ニコラス・ウォータースの試合（二〇一四年一〇月、WBA世界フェザー級タイトルマッチ）で語るとすれば、ドネアはフィリピン人で、ウォータースはジャマイカ人で、身体能力の差はあったと思います。しかもドネアは階級を上げての挑戦で、より不利な状況でした。結果、ドネアは六ラウンド、ノックアウト負けでした。「階級の差だ」と言われました。でも自分から言わせると、そもそもドネアは身体もぽっちゃりしていてちゃんと仕上げていなかった。相手のウォータースを研究して、しっかり練習を積んでいなか

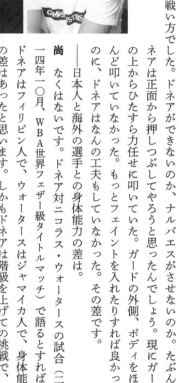

った。自分であれば、どんな戦績の相手でも同じ人間なんだから練習でしっかり仕上げ、対策を練れば、いけると思います。

拓　相手に勝つ練習をしっかりすればいい。練習で自信をつけるしかないですから。

息子がもしボクシングをやりたいと言ってきたら

——拓真選手は現在一九歳です。尚弥選手の同じ歳のときと戦ったらどうですか。「気持ちの強さや身体の強さは兄より上」との評判ですが。

真　そういう見方であれば拓の方が強いです。拓がOPBF東洋太平洋王者のベルトを獲ったのが一九歳で、尚のその時期は田口選手との日本タイトルマッチでした。テクニックは拓の方がある。尚の日本タイトル戦はガムシャラさや気持ちの強さで勝った試合でした。ベースとなる技術、テクニックの引き出しはあった。でも試合でそれが出せなかった。また、先ほども触れましたが、拓は二つ下なのに尚と同じ練習をしてきましたから。

——覚醒したら兄を超えるかもしれない、と。

尚　パワーは確実に拓が上。自分が二〇歳のときの映像を見ていると、たぶんパワーで潰されちゃいますね。

——兄弟でスパーは。

真　対戦相手によりけりですが、しばらくさせていませんでした。尚の相手がナルバエスでサウスポーでしたし。基本させたくないですね。やってもマスボクシング程度にとどめる。おたがいにパンチもあるし、気も強いのでやらせたくない。

——このままお父さんがトレーナーで続けていきますか。フレディ・ローチなど海外の名トレーナーが指導を申し出てくることもあるでしょう。

尚　名トレーナーからのアドバイスはアドバイスとして受けます。海外のいろんな選手の練習方法も見たいと思う。で、それを家族みんなで取り入れて井上家のボクシングとしてやっていきたい。

——今後、本場ラスベガスのリングに上がることもあるかもしれない？

拓　そのときはそのときで父も連れて行きます。練習をするのに父の「ここはこうしたほうがいい」というアドバイスは今後も変わらずに必要ですから。

——仮定の話ですが、お二人がいずれ結婚し、男の子が生まれ「父さん、ボクシングがやりたい」と言い出したら？

尚　じゃあ、おじいちゃんに聞いてきな、と預けます。

拓　預けますね。

真　おじいちゃんは困ったな。「打たれないのが条件だぞ」と孫に言うんですかね。二人でいっぱいいっぱいです。

（二〇一五年九月一七日、小料理ＢＯＸにて）

目の前のことにただただ必死になっていた——井上美穂

気づけば世界チャンピオンの母に

ここまで井上家の「長男・真吾」が楽しく語ってきたと思います。子どもたちも「サンタさんの思い出」をはじめ幼少期を振り返ったことが楽しかったようです。最後に私が語るようで大変緊張しています。さて、どこから始めましょうか——。

主人とは、一五歳で知り合いました。当時、私は高校生です。その後、一九歳で結婚して、晴香を二〇歳で生んでからは主人が「独立する」と言い出したり、「ジムを買う」と言い出したりで、驚きの連続でした。乳飲み子の拓をおぶって、右手に晴香、左手に尚を連れて買い物に行くも、尚がちょろちょろと動き回り、車に轢《ひ》かれそうになったりと気が休まる暇がありませんでした。

主人が仕事で遅くなるときは「みーさん、尚と拓の練習見といて」と二人のコーチ役をふられたりしました。主人が紙に残した練習メニューを読みながらやらせるだけですが、二人が一周一〇〇メートルの公園を走っている最中も「今日の夕飯何にしよう?」「晴香が明日、遠足だからお弁当も」「拓のエン服がほどけていたから縫わなきゃ」と目の前の

ことや明日のことを考えて、ハッと気が付いたら、

「尚が世界チャンピオンになっていた」

――といっても過言ではありません。

今でも目の前のこと、例えば、洗濯ひとつとっても大変です。五人家族で、さらに二人がボクサーで一人はトレーナーですからひっきりなしに洗濯物が溜まるわけです。朝のロードワーク、スポーツジムから戻ってきたら、「ドサッ」、夜、大橋ジムから帰ってきたら「ドサッ」と浴室の前は常に洗い物か汚れ物が溜まっている状態です。多い日で五回、練習がなくても二回は洗濯機を回さないと追いつかない。

尚も拓も高校生になってからは手伝ってくれましたが、男の子だから適当ですね。洗濯物を畳ませても四隅をきっちり揃えるという発想がないようで、「タオルとバンテージだけやっといて」と言っています。「こうやって畳むんだよ」と指導は何度か試みましたが、二人とも大雑把《おおざっぱ》にやっておしまいなんです。

私が洋服や練習着を畳んで積んで置いておくと、どうも自分のお気に入りがあるようで、不精して中から引き抜くので、案の定、畳んだ洋服の山を崩す。そして私が怒る、というのは三日に一度は繰り返されています。上の洋服を一回、他所にずらして、取りたい洋服を取って先ほどの洋服を元の位置に戻す、という工程を子どもたちは面倒くさがって

やらないんです。

バンテージも主人がボクシングを始めるまでは見たこともありませんでした。「何、この長い包帯は？」というものでした。あれはくしゃくしゃにしたまま干してしまうと巻けなくなります。普通の主婦にはまったく必要のない情報ですが。干すときに伸ばさないといけないのですが、無駄に長い。往復させないとなりません。しわを伸ばしながら干すとそれに時間を割かれます。子どもたちが大きくなってからは自分たちでやらせています。

ボクシングの「ボ」の字も知らない

三人でよくボクサーの話をしています。マイク・タイソンくらいは分かります。昔、ビールのCMにも出ていたので顔と名前が一致しますが、「オスカー・デ・ラ・ホーヤとフエリックス・トリニダードのあの一戦は何度見ても感動する」「アイク・クォーティーとの名勝負も捨てがたい」、そう話していても誰が誰だかわかりません。当時はボクシングの「ボ」の字も知りませんでしたし、今も「ゴロフキン」と言われても誰だか皆目《かいもく》見当もつきません。他所のお宅で出るであろうイチローや中田英寿《なかたひでとし》という名前はうちの家庭ではあまり出ませんでした。「ロマチェンコは殺人マシーンだな」。食卓で親子でそのような会話が普通になされる家は日本広しといえど井上家だけのような気がします。

子どもたちは小さい身体で汗びっしょりになって練習に励んでいました。子どもたちは主人のことを仮面ライダーや戦隊モノのヒーローのように憧れの眼差しで見ているので、「父さんとの約束だからね」と主人の作った練習メニューを本気になって進めていました。

主人と子どもたちの間を取り持つ「中間管理職」

高二で全日本選手権の決勝まで残るようになると、記者の方から取材を受けるようになりました。その際、幼少期のエピソードをよく尋ねられるようになりましたが、「ちょっと活発ですが、ごく普通の子でした」としか返事できないのです。

尚は小さいときから走り回るような活発な子どもだったので、人並みの身体能力はあったと思います。小学校のときは、いつもリレーの選手に選ばれていました。小学五年生のときにはマラソン大会で二位になりました。野球をやっていた身体の大きな子が一位だったのですが、僅差《きんさ》でした。中学校の持久走大会のときも、かなりいい所までいっていた記憶があります。

それでも中学生のときの短距離は五〇メートル走で七秒くらいのタイムでした。野球部やサッカー部の子に追いつけませんでした。長距離は優れていましたが、短距離は特別速いわけではないと思います。

フジテレビの番組で「井上尚弥がいかに怪物か。科学的なデータで検証をしたい」といろいろ数値を測ったところ、持久力と体幹の強さ以外はすべてどうってことのない数字ばかり出てしまったのです。柔軟性に関してはボクサーとしてではなく、「一般人以下」と出て本人はショックを受けていました。前屈で指先がスネまでしか届きません。

私の子育ては「電車は自分のうちと違うんだから」「嘘をついちゃダメ」「挨拶はしっかりしよう」と生活面での人として基本的なことばかりです。相手が自分よりも年下の子であっても、何か悪いことをしたら「ごめんなさい」と謝る。いいことをしてもらったら「ありがとう」と言う。主人が熱く、曲がったことが大嫌いなので、私がくどくど言わなくても礼儀や挨拶、マナーは小さいうちから身についていました。

私の家庭内の立場は「中間管理職」です。主人と子どもたちの間の緩衝役でもありました。主人は怒鳴った理由をほとんど説明しないので、私が間に入って、「父さんが怒った理由はね」と説明し、尚や拓の言い分を私が聞く。尚や拓には怒った理由を説明した上で、「自分たちの反省点や今後どうしたいのかも伝えてきなさい」と子どもの口から父親に説明に行かせます。私が主人の気持ちを説明することで、「自分の何が悪かったのか」と分析もできると思うのです。

反抗期もほとんどありませんでした。中学二年生のとき、私に汚い言葉を吐いて、主人が尚の胸ぐらをつかでん、「テメー、今なんつった。母親に向かって言う台詞か」とどやしつけたくらいです。尚も自分の愚かさに気がついてすぐに謝り、それで終わりました。あとは思春期の時期につまらないことで怒ってドアを「ドンッ」と力任せに閉めたりしたくらい。無免許でバイクに乗って、他校の生徒に喧嘩を売りにいって、座間市界隈の中学生をシメていた——みたいなことは一切ありません。普通の子でした。

中学時代の学業の成績は「二」か「三」が多く、体育の成績だけは、ほとんど「五」をもらっていました。通知表を見た主人が「俺なんか一か二しかなかったからな」とつぶやき、息子二人が胸をそらす、という進学校の親御さんが見たら目を白黒させかねない光景が繰り広げられていました。

家族みんなで獲ったベルト

尚のベルトは「家族みんなで獲った」と思っています。尚も同じ気持ちでいると思います。主人はトレーナーとして、小さいころからずうっと一緒です。じつは尚が高校を卒業したらプロを目指す、と言ったときに主人の中で葛藤《かっとう》がありました。プロデビュー後もトレーナーとして尚を指導すべきか、それともプロのトレーナーに尚を預けるか、と悩んでいたのです。

大橋ジムの松本好二トレーナーは選手として三度も世界挑戦の経験があります。トレーナーとしても川嶋勝重選手、八重樫東選手を世界チャンピオンにし、長男の圭佑《けいすけ》くんも「U－15」を五連覇しと、選手育成の見本のようなトレーナーです。そういう世界を知っているトレーナーに尚を任せた方が、尚が世界に羽ばたけるのではないか。世界のトップを知らない自分が尚の足を引っ張ることにつながらないか、と悩んでいたのです。

私はその悩みを一蹴しました。

「ここまで積み上げてきたものは何なの。尚と拓は父さんじゃなきゃダメだと思うよ。父さんも一緒じゃないと意味がない」。

鳴り物入りでプロの世界に入っても世界チャンピオンになるどころか、世界に挑戦できないで消えてゆく選手がほとんどです。仮に結果がともなわなくとも、これまで主人と一緒にやってきたのでこれからもやるべきだと思ったのです。主人は私の言葉に、大きく頷き、

「尚と拓を自分の手で世界チャンピオンにする」。

と心を決めたのです。

拓は二つ下の弟ですけれど、ライバルとして突き上げることでたがいに切磋《せっさ》琢磨《たくま》していきます。尚一人ではここまでの結果は得られなかったと思います。拓は末っ子でマイペース

なのですが、尚がいることで歯を食いしばって追いつこうと努力できるのだと思います。どちらかが欠けてもダメで、二人いたからこそ、研鑽し合えているのだと思います。

晴香は専門学校でスポーツトレーナーを専攻していました。「てもみん」でマッサージを学んで、尚の腰やお尻を揉んで癒《いや》しています。高校卒業後、スポーツ系の専門学校に進んだことやマッサージの勉強をはじめたのも「毎日必死になって頑張っている弟たちのために」といってのことでした。「子離れ」ならぬ「弟離れ」ができない姉でもあります。

尚や拓の試合となると家族総出で会場に駆けつけています。晴香が高校三年生のときに尚がインターハイに出場すると、「学校休んで応援に行く。弟の応援だから公休になるはず」と意味不明なことを口走っていました。弟好きが高じて、プロになっても拓の入場シーンで、

「拓、かっこいいー。かっこよすぎる！」

と黄色い声援を送ります。

私の役割はシンプルで、洗濯や家事などで「ボクシングに専念できる環境」をつくることです。その他、スパーリングや試合となるとビデオを回しています。そのビデオを見ながら、晩御飯を食べ、「今のワンツーはいいタイミングだ」「あの左フックをもらったのは余計だ」と話し合っているのです。

小学校の高学年からスパーリング大会に参加しています。この時代はデジタルデータでは録画できなかったので、ビデオテープで撮影していました。最初のころは何も分からず、二ラウンドの間中、ビデオを両手で撮って二の腕の外側がぷるぷるしていました。脚《きゃ》立《たつ》という便利なものがあることは後になって知りました。

大会が終わってリビングでビデオを見返すと、「打てっ！　行け今だ！」「よし！」という私の声ばかりでした。以来、撮影中は脚立で固定して、極力黙っていることを誓いました。ビデオはＤＶＤに焼き直していますが、もう何枚あるかわからないくらいです。

試合当日ともなれば二人の息子は試合、主人はトレーナー、晴香と私は応援です。母親もいろいろですよね。会場に行っても試合を見られないお母さん、自宅で待っていて試合結果が分かってから録画を見るお母さん、泰然自若《たいぜんじじゃく》と会場でしっかり見つめるお母さん、などに分かれます。私は晴香と二人で観ています。

「打たせずに打つ。それが俺のボクシング。だから大丈夫」。

主人の言った通り、これまで尚が殴られたシーンをほとんど観ていない、というのが大きいのだと思います。もらっても単発ですし、効いていなさそうなので安心しています。血まみれになってノックアウトされるようなシーンを目撃したらどうなるか自分でも分かりません。試合ではヘッドギアもつけていませんし、最悪の場合は死ぬ可能性もあるので

「もしものことがあったらどうしよう」とは常に考えています。

私としては、主人が教えているディフェンスを信じるしかないと思っています。プロに入るときも「打たれるような選手だったらプロにはさせない」という約束をしていました。試合では一生懸命戦っているし、私は気持ちで応援してあげることしかできないので、試合もしっかりと見ています。あとは念じるくらいしかできません。

減量の時期が一番キツイ

親としては減量をしている時期がいちばん辛いです。試合が近づき、減量に入ると、尚は頬の肉がこけていくので、毎朝顔を見るだけで不憫《ふびん》になります。

ライトフライ級のときはもうどうしようかと思いました。最後の二、三日は正直なところ、目を逸らしている状態でした。体内の水分が失われて口の中もカサカサになり舌が張り付いてしゃべりづらいようでした。尚は日がな一日、横になっているだけです。「ご飯食べなよ」とは言ってくれますが、なかなかそういうわけにもいきません。

減量中は、あえてあまり声を掛けないようにしていました。尚もしゃべらない、いや、しゃべれないのです。いつも賑やかなリビングですが、その期間だけは静かです。尚も部屋にこもってしまうし、主人もテレビをつけていますが、観たくてつけているのではなく、音がないから寂しい、とつけているだけのようでした。

絶食期間中、尚がリビングに降りてきて、「グレープフルーツむいて」と言いました。口の中がさっぱりするようで、ゆっくりグレープフルーツを味わって、また部屋に戻ります。やはり私も減量中は、母親として食欲はわきません。尚はときに飲み物の入ったペットボトルを持ってきて、私に「飲みなよ」と渡してきます。私が二口くらいしか飲まないと「何で一気に飲まないの」と言ってくるので、「そんなに飲めないよ」と返します。私が飲む姿を見て、自分が飲んだ気になるのでしょうか。

ライトフライ級からスーパーフライ級へと二階級あげたことで、尚も変わりました。ボクシングをしていない私から見たら「たった三キログラム」なんですが、尚にとってはこの違いが大きいようです。もはや生気が失われた病人のような顔ではなく、頬はこけますが、気力は充実しているのが伝わります。リビングで黙り込む尚はいなくなりました。それどころか時折、たわいもない冗談を口にします。沈黙だけの数日間がもう来ないかと思うと、この転級は正解だったことは明らかです。

スマホをいじりながら、自分が焼き肉を食べている写真を探して、「終わったらこの店に行こう」と言い、おいしそうな料理が載ったページを眺めては、「これ食べたいから作って」と見せてきます。計量が無事に終わって、「母さん、夕食は親子丼ね」。そのリクエストが聞けるときがいちばんホッとしているかもしれません。試合翌日からは「あれ作って、これが食べたい」とやかましいですが。

歴史を変える、と言われても

リビングで携帯電話をいじっている姿を見かけると、あれで本当に世界チャンピオンなのか、と思うほど、ぼうっとしています。練習で疲れ、リビングでうたた寝をする姿は、小学生のころから変わりません。

免許を取り立ての時期でしたが、軽自動車に乗ってどこかに行きました。ガソリンがなくなったようで、セルフの給油スタンドに立ち寄ったようです。軽自動車だから「軽油」を入れてしまったそうです。

「母さん、車が動かないよ」。

そう電話がかかってきました。全身脱力しました。幸いにもガソリンスタンドのすぐ近くで止まったので店員さんに助けを求めて助かりました。そのようにヌケたところも子どものころから変わりませんね。

ボクサーには試合の前に減量があります。試合でも何が起こるかわかりません。気が休まるときがありません。そして今日も明日も明後日も洗濯物の山が待っています。

それでも一生のうちで、これだ、と何かにのめり込めることに出会えたのは幸せなことだと思います。私はその頑張りを陰で支える役割です。尚と拓が目標に向かって頑張る以上、私のサポートも変わらず続きます。結果はどうであれ、多くの人に応援してもらえる、そんな選手になって欲しいと思います。

浴室で何やら騒ぎが起きています。主人が何か騒いでいます。

「みーさん、拓がタオルを下からひっぱってちらかしたよ。叱ってやって」。拓がさらに大きな声で「違うよ、父さんがやった」「みーさん、今度は尚がプロテイン牛乳をこぼした」。尚が騒ぎます。「違うよ、それも父さんでしょ!」

主人の笑い声が家の中に響き渡ります。今日も「三兄弟」は元気なようです。私は人知れず笑みとため息を漏らす毎日です。

BOXING
大橋ボクシングジム
Timberland

あとがき

この本を記しながら、もし人生をやり直せるとしたら、と何度も胸の内で繰り返していました。何度、そう問われても自分はまた今の人生を選ぶでしょう。かみさんと一九歳で結婚し、晴香が生まれ、尚、拓と三人の宝物に恵まれるのです。そして尚と拓にボクシングを教え、二人の成長を一つ一つ心に刻むのです。井上家は五人で一つの方向を向いてきました。自分と尚の関係を「一心同体」と書かれることがよくありますが、かみさんも晴香も拓もそこには含まれています。尚が世界チャンピオンになったことで最初の夢が達成されました。五人全員で夢を叶えたのです。しかし夢あるいは目標はまだ終わりません。拓が世界王者になり、尚と同時に「兄弟同時の世界王者」の目標は無事に達成されるのでしょうか。その目標が叶ったらつぎはどのような夢が見られるのでしょうか。娘に子どもが生まれ、孫ができました。孫にボクシングを教えている自分がいるのでしょうか。さすがにミットはもう持てないと思いますが。

最後まで本書を読み進めていただいた読者の方に感謝します。ボクシングに明るくない方にも分かるように記したつもりですが、ちゃんと伝わったのか不安も残ります。ボクシングの魅力、素晴らしさを、この書を通じて知っていただければ幸甚《こうじん》です。けれどももっと手っ取り早く知るには、お近くのボクシングジムをのぞいてみてください。またテレビではなく生で試合を観戦していただけないでしょうか。効率や数字、マーケティングばかりの世知辛い社会の中で、異世界のような場所であるかと思います。

この本を記すにあたり、大橋秀行会長、小百合《さゆり》夫人をはじめ大橋ボクシングジムの関係者の方々に深く感謝の気持ちをお伝えしたいと思います。大橋ジムの看板に恥じないようにこれからも精進していきます。

そして井上尚弥・拓真後援会の「TEAM INOUE」の工藤元さん、越村裕一さん、越村美佐さん、岡田健二さん、高橋公洋さん、藤本陽一さん、田中誠一郎さん、佐藤知之さんをはじめ会員の皆さんに支えられています。いつも応援ありがとうございます。

構成を担当していただいた『FRIDAY』記者の岩崎大輔さん、講談社現代新書の山崎比呂志さん、ありがとうございます。お二人のボクシングマニアぶりには舌を巻きました。

本文にも縷々《るる》書きましたが、尚と拓は明日も明後日も明々後日も練習です。自分もともに汗を流し、声を張り、二人とともに戦います。

二〇一五年秋

井上真吾

講談社現代新書　2348

努力《どりょく》は天才《てんさい》に勝《まさ》る！

二〇一五年一二月二〇日第一刷発行　二〇二四年七月一六日第七刷発行

著　者　井上真吾《いのうえしんご》

発行者　森田浩章
発行所　株式会社講談社
東京都文京区音羽二丁目一二―二一　郵便番号一一二―八〇〇一
電　話　〇三―五三九五―三五二一　編集（現代新書）
〇三―五三九五―四四一五　販売
〇三―五三九五―三六一五　業務
装幀者　中島英樹／中島デザイン
印刷所　株式会社ＫＰＳプロダクツ
製本所　株式会社ＫＰＳプロダクツ
定価はカバーに表示してあります　Printed in Japan

N.D.C.780　242p　18cm
ISBN978-4-06-288348-1

「講談社現代新書」の刊行にあたって

教養は万人が身をもって養い創造すべきものであって、一部の専門家の占有物として、ただ一方的に人々の手もとに配布され伝達されうるものではありません。

しかし、不幸にしてわが国の現状では、教養の重要な養いとなるべき書物は、ほとんど講壇からの天下りや単なる解説に終始し、知識技術を真剣に希求する青少年・学生・一般民衆の根本的な疑問や興味は、けっして十分に答えられ、解きほぐされ、手引きされることがありません。万人の内奥から発した真正の教養への芽ばえが、こうして放置され、むなしく滅びさる運命にゆだねられているのです。

このことは、中・高校だけで教育をおわる人々の成長をはばんでいるだけでなく、大学に進んだり、インテリと目されたりする人々の精神力の健康さえもむしばみ、わが国の文化の実質をまことに脆弱なものにしています。単なる博識以上の根強い思索力・判断力、および確かな技術にささえられた教養を必要とする日本の将来にとって、これは真剣に憂慮されなければならない事態であるといわなければなりません。

わたしたちの「講談社現代新書」は、この事態の克服を意図して計画されたものです。これによってわたしたちは、講壇からの天下りでもなく、単なる解説書でもない、もっぱら万人の魂に生ずる初発的かつ根本的な問題をとらえ、掘り起こし、手引きし、しかも最新の知識への展望を万人に確立させる書物を、新しく世の中に送り出したいと念願しています。

わたしたちは、創業以来民衆を対象とする啓蒙の仕事に専心してきた講談社にとって、これこそもっともふさわしい課題であり、伝統ある出版社としての義務でもあると考えているのです。

一九六四年四月　野間省一

趣味・芸術・スポーツ

620 時刻表ひとり旅——宮脇俊三
676 酒の話——小泉武夫
1025 J・S・バッハ——礒山雅
1287 写真美術館へようこそ——飯沢耕太郎
1404 踏みはずす美術史——森村泰昌
1422 演劇入門——平田オリザ
1454 スポーツとは何か——玉木正之
1510 最強のプロ野球論——二宮清純
1653 これがビートルズだ 中山康樹
1723 演技と演出——平田オリザ
1765 科学する麻雀——とつげき東北
1808 ジャズの名盤入門——中山康樹
1890 「天才」の育て方——五嶋節
1915 ベートーヴェンの交響曲——金聖響 玉木正之
1941 プロ野球の一流たち 二宮清純
1970 ビートルズの謎——中山康樹
1990 ロマン派の交響曲——金聖響 玉木正之
2007 落語論——堀井憲一郎
2045 マイケル・ジャクソン——西寺郷太
2055 世界の野菜を旅する 玉村豊男
2058 浮世絵は語る——浅野秀剛
2113 なぜ僕はドキュメンタリーを撮るのか——想田和弘
2132 マーラーの交響曲——金聖響 玉木正之
2210 騎手の一分——藤田伸二
2214 ツール・ド・フランス 山口和幸
2221 歌舞伎 家と血と藝 中川右介
2270 ロックの歴史——中山康樹
2282 ふしぎな国道——佐藤健太郎
2296 ニッポンの音楽——佐々木敦
2366 人が集まる建築——仙田満
2378 不屈の棋士——大川慎太郎
2381 138億年の音楽史 浦久俊彦
2389 ピアニストは語る ヴァレリー・アファナシエフ
2393 現代美術コレクター 高橋龍太郎
2399 ヒットの崩壊——柴那典
2404 本物の名湯ベスト100 石川理夫
2424 タロットの秘密——鏡リュウジ
2446 ピアノの名曲——イリーナ・メジューエワ

日本語・日本文化

105 タテ社会の人間関係　中根千枝
293 日本人の意識構造——会田雄次
444 出雲神話——松前健
1193 漢字の字源——阿辻哲次
1200 外国語としての日本語——佐々木瑞枝
1239 武士道とエロス——氏家幹人
1262 「世間」とは何か——阿部謹也
1432 江戸の性風俗——氏家幹人
1448 日本人のしつけは衰退したか——広田照幸
1738 大人のための文章教室　清水義範
1943 なぜ日本人は学ばなくなったのか——齋藤孝
1960 女装と日本人——三橋順子
2006 「空気」と「世間」——鴻上尚史
2013 日本語という外国語　荒川洋平
2067 日本料理の贅沢——神田裕行
2092 新書 沖縄読本——下川裕治 仲村清司 著・編
2127 ラーメンと愛国——速水健朗
2173 日本人のための日本語文法入門——原沢伊都夫
2200 漢字雑談——高島俊男
2233 ユーミンの罪——酒井順子
2304 アイヌ学入門——瀬川拓郎
2309 クール・ジャパン!?　鴻上尚史
2391 げんきな日本論——橋爪大三郎 大澤真幸
2419 京都のおねだん——大野裕之
2440 山本七平の思想——東谷暁

哲学・思想Ⅱ

13 論語 ― 貝塚茂樹
285 正しく考えるために 岩崎武雄
324 美について ― 今道友信
1007 日本の風景・西欧の景観 ― オギュスタン・ベルク 篠田勝英 訳
1123 はじめてのインド哲学 立川武蔵
1150 「欲望」と資本主義 ― 佐伯啓思
1163 「孫子」を読む ― 浅野裕一
1247 メタファー思考 ― 瀬戸賢一
1248 20世紀言語学入門 加賀野井秀一
1278 ラカンの精神分析 ― 新宮一成
1358 「教養」とは何か ― 阿部謹也
1436 古事記と日本書紀 神野志隆光

1439 〈意識〉とは何だろうか 下條信輔
1542 自由はどこまで可能か 森村進
1544 倫理という力 ― 前田英樹
1560 神道の逆襲 ― 菅野覚明
1741 武士道の逆襲 ― 菅野覚明
1749 自由とは何か ― 佐伯啓思
1763 ソシュールと言語学 ― 町田健
1849 系統樹思考の世界 ― 三中信宏
1867 現代建築に関する16章 五十嵐太郎
2009 ニッポンの思想 ― 佐々木敦
2014 分類思考の世界 ― 三中信宏
2093 ウェブ×ソーシャル×アメリカ 池田純一
2114 いつだって大変な時代 ― 堀井憲一郎

2134 いまを生きるための思想キーワード ― 仲正昌樹
2155 独立国家のつくりかた 坂口恭平
2167 新しい左翼入門 ― 松尾匡
2168 社会を変えるには ― 小熊英二
2172 私とは何か ― 平野啓一郎
2177 わかりあえないことから 平田オリザ
2179 アメリカを動かす思想 小川仁志
2216 まんが 哲学入門 ― 森岡正博 寺田にゃんこふ
2254 教育の力 ― 苫野一徳
2274 現実脱出論 ― 坂口恭平
2290 闘うための哲学書 ― 小川仁志 萱野稔人
2341 ハイデガー哲学入門 仲正昌樹
2437 ハイデガー『存在と時間』入門 ― 轟孝夫

宗教

27 禅のすすめ——佐藤幸治
135 日蓮——久保田正文
217 道元入門——秋月龍珉
606 「般若心経」を読む——紀野一義
667 生命《いのち》あるすべてのものに　マザー・テレサ
698 神と仏——山折哲雄
997 空と無我——定方晟
1210 イスラームとは何か——小杉泰
1469 ヒンドゥー教　クシティ・モーハン・セーン　中川正生 訳
1609 一神教の誕生——加藤隆
1755 仏教発見!——西山厚
1988 入門 哲学としての仏教　竹村牧男
2100 ふしぎなキリスト教——橋爪大三郎　大澤真幸
2146 世界の陰謀論を読み解く——辻隆太朗
2159 古代オリエントの宗教　青木健
2220 仏教の真実——田上太秀
2241 科学vs.キリスト教——岡崎勝世
2293 善の根拠——南直哉
2333 輪廻転生——竹倉史人
2337 『臨済録』を読む——有馬頼底
2368 「日本人の神」入門——島田裕巳

Ⓒ

政治・社会

1145 冤罪はこうして作られる　小田中聰樹
1201 情報操作のトリック　川上和久
1488 日本の公安警察——青木理
1540 戦争を記憶する——藤原帰一
1742 教育と国家——高橋哲哉
1965 創価学会の研究——玉野和志
1977 天皇陛下の全仕事——山本雅人
1978 思考停止社会——郷原信郎
1985 日米同盟の正体——孫崎享
2068 財政危機と社会保障——鈴木亘
2073 リスクに背を向ける日本人　山岸俊男 メアリー・C・ブリントン
2079 認知症と長寿社会——信濃毎日新聞取材班
2115 国力とは何か——中野剛志
2117 未曾有と想定外——畑村洋太郎
2123 中国社会の見えない掟　加藤隆則
2130 ケインズとハイエク　松原隆一郎
2135 弱者の居場所がない社会　阿部彩
2138 超高齢社会の基礎知識　鈴木隆雄
2152 鉄道と国家——小牟田哲彦
2183 死刑と正義——森炎
2186 民法はおもしろい——池田真朗
2197 「反日」中国の真実——加藤隆則
2203 ビッグデータの覇者たち——海部美知
2246 愛と暴力の戦後とその後——赤坂真理
2247 国際メディア情報戦——高木徹
2294 安倍官邸の正体——田﨑史郎
2295 福島第一原発事故 7つの謎　NHKスペシャル『メルトダウン』取材班
2297 ニッポンの裁判——瀬木比呂志
2352 警察捜査の正体——原田宏二
2358 貧困世代——藤田孝典
2363 下り坂をそろそろと下る　平田オリザ
2387 憲法という希望——木村草太
2397 老いる家　崩れる街　野澤千絵
2413 アメリカ帝国の終焉　進藤榮一
2431 未来の年表——河合雅司
2436 縮小ニッポンの衝撃　NHKスペシャル取材班
2439 知ってはいけない——矢部宏治
2455 保守の真髄——西部邁

経済・ビジネス

350 経済学はむずかしくない〈第2版〉——都留重人
1596 失敗を生かす仕事術 畑村洋太郎
1624 企業を高めるブランド戦略——田中洋
1641 ゼロからわかる経済の基本——野口旭
1656 コーチングの技術——菅原裕子
1926 不機嫌な職場——高橋克徳 河合太介 永田稔 渡部幹
1992 経済成長という病——平川克美
1997 日本の雇用——大久保幸夫
2010 日本銀行は信用できるか 岩田規久男
2016 職場は感情で変わる 高橋克徳
2036 決算書はここだけ読め!——前川修満
2064 決算書はここだけ読め! キャッシュ・フロー計算書編 前川修満

2125 ビジネスマンのための「行動観察」入門 松波晴人
2148 経済成長神話の終わり アンドリュー・J・サター 中村起子 訳
2171 経済学の犯罪——佐伯啓思
2178 経済学の思考法——小島寛之
2218 会社を変える分析の力 河本薫
2229 ビジネスをつくる仕事 小林敬幸
2235 20代のための「キャリア」と「仕事」入門——塩野誠
2236 部長の資格——米田巖
2240 会社を変える会議の力 杉野幹人
2242 孤独な日銀——白川浩道
2261 変わった世界 変わらない日本——野口悠紀雄
2267 「失敗」の経済政策史 川北隆雄
2300 世界に冠たる中小企業 黒崎誠

2303 「タレント」の時代——酒井崇男
2307 AIの衝撃——小林雅一
2324 〈税金逃れ〉の衝撃 深見浩一郎
2334 介護ビジネスの罠——長岡美代
2350 仕事の技法——田坂広志
2362 トヨタの強さの秘密 酒井崇男
2371 捨てられる銀行——橋本卓典
2412 楽しく学べる「知財」入門——稲穂健市
2416 日本経済入門——野口悠紀雄
2422 捨てられる銀行2 非産運用——橋本卓典
2423 勇敢な日本経済論——髙橋洋一 ぐっちーさん
2425 真説・企業論——中野剛志
2426 東芝解体 電機メーカーが消える日 大西康之

世界の言語・文化・地理

958 英語の歴史――中尾俊夫
987 はじめての中国語――相原茂
1025 J・S・バッハ――礒山雅
1073 はじめてのドイツ語 福本義憲
1111 ヴェネツィア――陣内秀信
1183 はじめてのスペイン語 東谷穎人
1353 はじめてのラテン語 大西英文
1396 はじめてのイタリア語 郡史郎
1446 南イタリアへ!――陣内秀信
1701 はじめての言語学 黒田龍之助
1753 中国語はおもしろい 新井一二三
1949 見えないアメリカ――渡辺将人
2081 はじめてのポルトガル語 浜岡究
2086 英語と日本語のあいだ 菅原克也
2104 国際共通語としての英語 鳥飼玖美子
2107 野生哲学――管啓次郎 小池桂一
2158 一生モノの英文法――澤井康佑
2227 アメリカ・メディア・ウォーズ――大治朋子
2228 フランス文学と愛――野崎歓
2317 ふしぎなイギリス――笠原敏彦
2353 本物の英語力――鳥飼玖美子
2354 インド人の「力」――山下博司
2411 話すための英語力 鳥飼玖美子

自然科学・医学

1141 安楽死と尊厳死――保阪正康

1328 「複雑系」とは何か――吉永良正

1343 カンブリア紀の怪物たち サイモン・コンウェイ・モリス 松井孝典 監訳

1500 科学の現在を問う 村上陽一郎

1511 優生学と人間社会――米本昌平 松原洋子 橳島次郎 市野川容孝

1689 時間の分子生物学――粂和彦

1700 核兵器のしくみ――山田克哉

1706 新しいリハビリテーション 大川弥生

1786 数学的思考法――芳沢光雄

1805 人類進化の700万年 三井誠

1813 はじめての〈超ひも理論〉 川合光

1840 算数・数学が得意になる本 芳沢光雄

1861 〈勝負脳〉の鍛え方――林成之

1881 「生きている」を見つめる医療――中村桂子 山岸敦

1891 生物と無生物のあいだ 福岡伸一

1925 数学でつまずくのはなぜか 小島寛之

1929 脳のなかの身体――宮本省三

2000 世界は分けてもわからない 福岡伸一

2023 ロボットとは何か――石黒浩

2039 ソーシャルブレインズ入門 藤井直敬

2097 〈麻薬〉のすべて――船山信次

2122 量子力学の哲学――森田邦久

2166 化石の分子生物学――更科功

2191 ＤＮＡ医学の最先端 大野典也

2204 森の力――宮脇昭

2219 宇宙はなぜこのような宇宙なのか――青木薫

2226 宇宙生物学で読み解く「人体」の不思議――吉田たかよし

2244 呼鈴の科学――吉田武

2262 生命誕生――中沢弘基

2265 ＳＦを実現する――田中浩也

2268 生命のからくり――中屋敷均

2269 認知症を知る――飯島裕一

2292 認知症の「真実」――東田勉

2359 ウイルスは生きている 中屋敷均

2370 明日、機械がヒトになる 海猫沢めろん

2384 ゲノム編集とは何か 小林雅一

2395 不要なクスリ 無用な手術 富家孝

2434 生命に部分はない――A・キンブレル 福岡伸一 訳

心理・精神医学

331 異常の構造——木村敏
590 家族関係を考える——河合隼雄
725 リーダーシップの心理学——国分康孝
824 森田療法——岩井寛
1011 自己変革の心理学——伊藤順康
1020 アイデンティティの心理学 鑪幹八郎
1044 〈自己発見〉の心理学 国分康孝
1241 心のメッセージを聴く 池見陽
1289 軽症うつ病——笠原嘉
1348 自殺の心理学——高橋祥友
1372 〈むなしさ〉の心理学 諸富祥彦
1376 子どものトラウマ——西澤哲
1465 トランスパーソナル心理学入門——諸富祥彦
1787 人生に意味はあるか 諸富祥彦
1827 他人を見下す若者たち 速水敏彦
1922 発達障害の子どもたち——杉山登志郎
1962 親子という病——香山リカ
1984 いじめの構造——内藤朝雄
2008 関係する女 所有する男——斎藤環
2030 がんを生きる——佐々木常雄
2044 母親はなぜ生きづらいか——香山リカ
2062 人間関係のレッスン 向後善之
2076 子ども虐待——西澤哲
2085 言葉と脳と心——山鳥重
2105 はじめての認知療法——大野裕
2116 発達障害のいま——杉山登志郎
2119 動きが心をつくる——春木豊
2143 アサーション入門——平木典子
2180 パーソナリティ障害とは何か——牛島定信
2231 精神医療ダークサイド 佐藤光展
2344 ヒトの本性——川合伸幸
2347 信頼学の教室——中谷内一也
2349 「脳疲労」社会——徳永雄一郎
2385 はじめての森田療法 北西憲二
2415 新版 うつ病をなおす 野村総一郎
2444 怒りを鎮める うまく謝る 川合伸幸

知的生活のヒント

78 大学でいかに学ぶか　増田四郎
86 愛に生きる――鈴木鎮一
240 生きることと考えること　森有正
297 本はどう読むか――清水幾太郎
327 考える技術・書く技術――板坂元
436 知的生活の方法――渡部昇一
553 創造の方法学――高根正昭
587 文章構成法――樺島忠夫
648 働くということ――黒井千次
722 「知」のソフトウェア――立花隆
1027 「からだ」と「ことば」のレッスン――竹内敏晴
1468 国語のできる子どもを育てる――工藤順一
1485 知の編集術――松岡正剛
1517 悪の対話術――福田和也
1563 悪の恋愛術――福田和也
1620 相手に「伝わる」話し方　池上彰
1627 インタビュー術！――永江朗
1679 子どもに教えたくなる算数　栗田哲也
1865 老いるということ――黒井千次
1940 調べる技術・書く技術――野村進
1979 回復力――畑村洋太郎
1981 日本語論理トレーニング――中井浩一
2003 わかりやすく〈伝える〉技術――池上彰
2021 新版　大学生のためのレポート・論文術――小笠原喜康
2027 地アタマを鍛える知的勉強法――齋藤孝
2046 大学生のための知的勉強術――松野弘
2054 〈わかりやすさ〉の勉強法――池上彰
2083 人を動かす文章術――齋藤孝
2103 アイデアを形にして伝える技術――原尻淳一
2124 デザインの教科書――柏木博
2165 エンディングノートのすすめ――本田桂子
2188 学び続ける力――池上彰
2201 野心のすすめ――林真理子
2298 試験に受かる「技術」――吉田たかよし
2332 「超」集中法――野口悠紀雄
2406 幸福の哲学――岸見一郎
2421 牙を研げ　会社を生き抜くための教養　佐藤優
2447 正しい本の読み方　橋爪大三郎

文学

2 光源氏の一生――池田弥三郎
180 美しい日本の私――川端康成 サイデンステッカー
1026 漢詩の名句・名吟――村上哲見
1208 王朝貴族物語――山口博
1501 アメリカ文学のレッスン――柴田元幸
1667 悪女入門――鹿島茂
1708 きむら式 童話のつくり方――木村裕一
1743 漱石と三人の読者――石原千秋
1841 知ってる古文の知らない魅力――鈴木健一
2029 決定版 一億人の俳句入門 長谷川櫂
2071 村上春樹を読みつくす 小山鉄郎
2209 今を生きるための現代詩 渡邊十絲子
2323 作家という病――校條剛
2356 ニッポンの文学――佐々木敦
2364 我が詩的自伝――吉増剛造